최순우 옛집의 여름

무량수전 배흘림기둥의 아름다움을 전한
혜곡 최순우

샘터가 소망하는 우리 아이들의 얼굴입니다.
이 행복한 마음 담아 여러분 곁으로 찾아가겠습니다.
www.isamtoh.com

우리 문화유산으로 세계를 감동시키다

무량수전 배흘림기둥의 아름다움을 전한
혜곡 최순우

● 이혜숙 글 ● 이용규 그림

샘터

샘터 솔방울 인물 11

무량수전 배흘림기둥의 아름다움을 전한 혜곡 최순우

1판 1쇄 발행 2013년 2월 28일 | **1판 5쇄 발행** 2019년 7월 10일
글쓴이 이혜숙 | **그린이** 이용규 | **펴낸이** 김성구

편집 임선아, 송은하 | **디자인** 윤희정
제작 신태섭 | **마케팅** 최윤호 나길훈 김영욱 | **관리** 노신영

펴낸곳 (주)샘터사 | **등록** 2001년 10월 15일 제1-2923호
주소 서울 종로구 창경궁로35길 26 2층(03076)
전화 아동서팀(02)763-8963 마케팅부(02)763-8966 | **팩스** (02)3672-1873
전자우편 kidsbook@isamtoh.com | **홈페이지** www.isamtoh.com

ⓒ 글 이혜숙, 그림 이용규, 2013
이 책은 저작권법에 의해 보호를 받는 저작물입니다. 이 책에 수록된 글과 이미지를
사용하고자 할 때에는 반드시 저작권자와 (주)샘터사의 서면 허락을 받아야 합니다.

사진제공 혜곡최순우기념관, 국립중앙박물관, 도서출판 학고재, 고병복(고유섭 선생 딸),
김은영(전형필 선생 며느리), 김재경, 성낙주, 신권수, 최수정(최순우 선생 딸)

ISBN 978-89-464-1641-3 73990
이 도서의 국립중앙도서관 출판시도서목록(CIP)은 e-CIP 홈페이지
(http://www.nl.go.kr/cip.php)에서 이용하실 수 있습니다.(CIP제어번호 : CIP2013000847)

샘터 1% 나눔실천 샘터는 모든 책의 인세 1%를 '샘물통장' 기금으로 조성하여 매년 소외된 이웃에게
기부하고 있습니다. 2018년까지 약 8,000여만 원을 기부하였으며 앞으로도 샘터는 책을 통해 1% 나눔실천을
계속할 것입니다

일러두기 이 책은 혜곡 최순우 선생이 쓴 글을 바탕으로 했습니다.

혜곡 최순우 선생은 평생 동안 우리 문화유산에 대한 600편이 넘는 글을 남겼습니다.

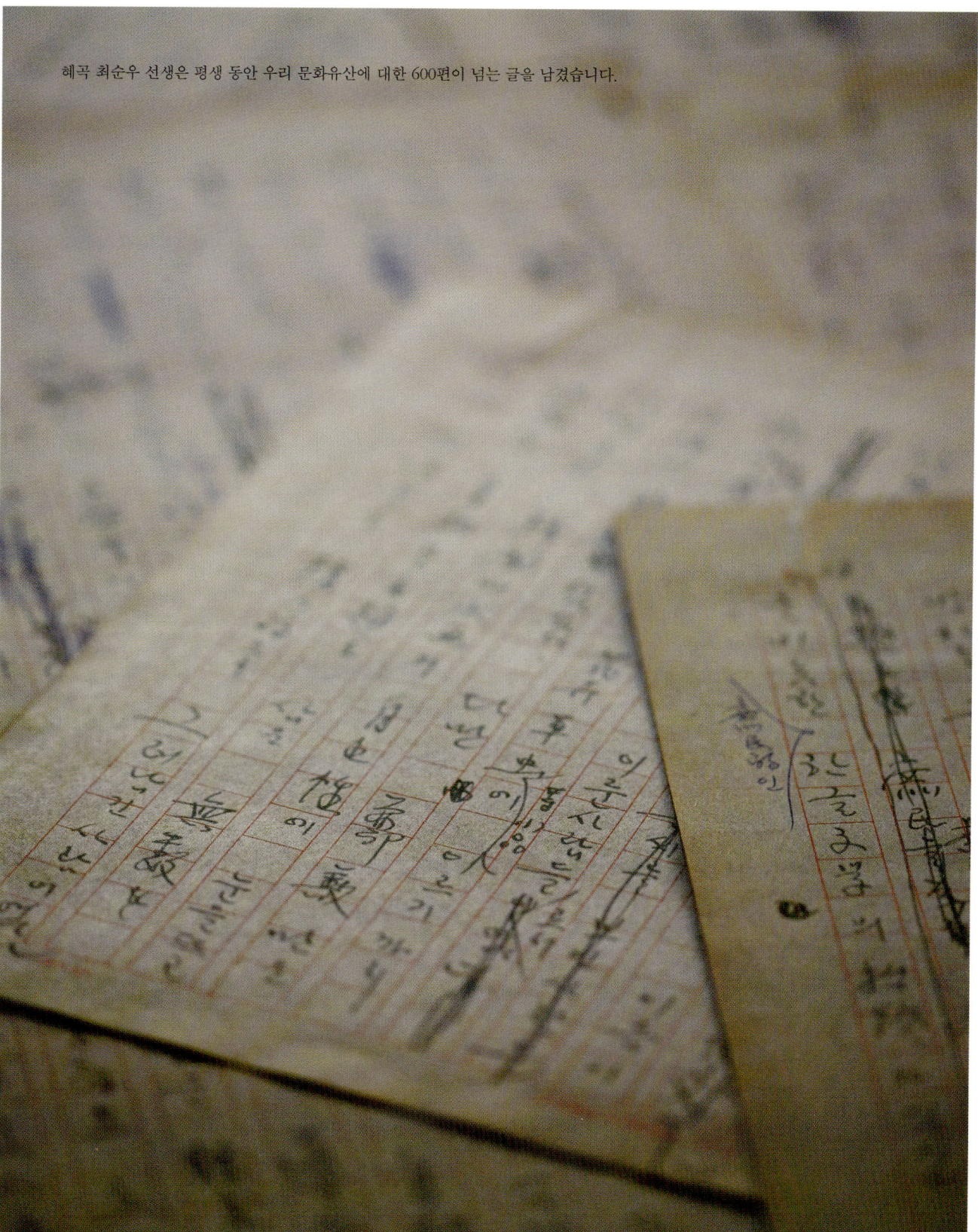

추천사
혜곡 최순우 선생의 이야기를 전합니다

오늘날 우리 대한민국이 세계적으로 힘차게 뻗어 가는 자랑스러운 나라라는 사실에는 의심의 여지가 없습니다. 세계 방방곡곡의 젊은이들이 한류와 K-Pop, 가수 싸이 등 우리 대중문화에 열광하고 있지요.

반세기 전까지만 해도 상상도 할 수 없는 일이었습니다. 35년 동안 일본의 지배를 받으면서 기를 펴지 못하고 제 나라 말조차 잃어 가고 있었기 때문입니다. 뿐만 아니라, 1945년 광복을 맞은 뒤에도 나라를 바로 세우려던 차에 한국 전쟁이 일어나 한 민족끼리 치열하게 싸우는 아픔을 겪어야 했지요. 지금의 어린이들은 꿈에도 믿지 못하겠지만, 당시 우리는 가난하고 보잘 것 없는 나라로 세계 사람들의 동정을 받아야 했습니다.

불과 몇 십 년 만에, 전쟁으로 초토가 된 폐허에서 일어나 이렇듯 선진국 대열에 들어설 만큼 발전한 예는 세계 그 어디에도 없습니다. 현재 비슷한 어려움을 겪고 있는 많은 나라에서 대한민국의 놀라운 성장 비결이 무엇인지 궁금해하며 연구하고 있습니다. 어떤 이는 우리나라의 높은 교육열이 그 원인일 것이라 보기도 하고, 다른 어떤 이는 지금으로부터 40여 년 전 우리나라 농촌 문화를 뒤흔들던 새마을 운동과 근면 성실한 노동력을 그 원인 중 하나로 보기도 합니다.

우리나라는 오랜 세월 동안 한반도를 삶의 터전으로 역사와 문화를 이룩하며 살아 왔습니다. 그 사이 수많은 시련과 고통이 한반도를 덮치고 지나갔지만, 우리 조상들은 이웃 나라 중국, 일본과 견줄 수 없는 개성을 굳건히 하며 문화적 정체성을 지켜 왔습니다.

한편으로는 다른 나라를 견제하거나 배척하지 않고 문화적 교류를 이어 나가는 노력도 멈추지 않았습니다. 오늘날 우리 기업과 대중문화가 세계 도처에서 환영받고 있는 것은 다른 나라의 문화와 조화를 이루었던 우리 조상들의 유연함과 같은 맥락에서 이해할 수 있을 것입니다. 세계가 놀라워하는 역동적인 대한민국의 모습 역시 바로 여기에서부터 시작한다고 여겨집니다.

우리나라의 문화적 정체성에 대해서는 아직 충분히 알지 못합니다. 우리의 오랜 역사와 문화 속에서 오늘의 대한민국을 만든 원인을 찾아낼 수 있으리라는 믿음과 자신감을 갖게 된 것도 불과 몇 십 년 사이의 일이지요. 다만 어두운 역사를 지나며 많은 국민이 절망과 자기 모멸감에 빠져 있을 때, 몇몇 뜻있는 사람들이 우리 문화의 아름다움과 그 가치를 느끼고 그 속에 담긴 민족정신을 깨달았습니다.

이 책의 주인공인 혜곡 최순우 선생은 그 대표적인 인물입니다. 그가 평생에 걸쳐 교류한 여러 학자, 예술가와 더불어 우리 문화유산의 가치를 깨닫고 그것을 세계에 널리 알리는 과정은 진한 감동으로 다가옵니다. 이 책을 읽는 어린이들에게도 그 감동이 고스란히 전해지기를 바라며, 늦게나마 혜곡 최순우 선생의 이야기를 들려줄 수 있어 반갑습니다.

김인회 혜곡최순우기념관장

차례

추천사 • 6

1장. 최순우, 박물관을 만나다 • 11
우현 고유섭과의 첫 만남 • 13
박물관에 내딛은 첫발 • 19
문화유산의 소중함을 깨우쳐 준 스승 • 26
덧붙이는 이야기 한국 미학의 선구자, 우현 고유섭 • 32

2장. 전쟁 속 우리 문화재를 지키다 • 35
전쟁의 포화 속에서 • 37
혼자서 피난시킨 벽화 60점 • 45
박물관 화랑에서 열린 현대 미술 전시회 • 52
우리 문화재 지킴이 간송 전형필 • 58
실향의 슬픔을 달래 준 친구들 • 65
덧붙이는 이야기 편지를 통해 주고받은 우정 • 70

3장. 우리 문화유산의 아름다움을 알리다 • 73
글로써 알린 우리 고미술의 아름다움 • 75
우리 문화재의 해외 나들이 • 79
유럽 순회 전시 • 85
파리의 하늘 아래 서린 슬픔 • 91
덧붙이는 이야기 해외 전시 포스터 • 100

4장. 전통을 아는 것은 곧 나 자신을 아는 것이다 • 103
금곡리 가마터 발굴 • 105
도마리 가마터에서 나온 청화 백자 • 111
제4대 국립중앙박물관 박물관장 • 116
한국 미술의 역사는 5000년 • 122
걸어온 발자취 '옛집'에 남기고 • 126
덧붙이는 이야기 최순우 옛집 • 136

혜곡 최순우 선생이 걸어온 길 • 138

글쓴이의 말 • 142

글쓴이 그린이 소개 • 144

1장
최순우, 박물관을 만나다

우현 고유섭과의 첫 만남

　아담한 규모의 전시실에 크고 작은 진열장이 질서 있게 늘어서 있었다. 천장으로 난 채광창으로 여름 한낮의 밝은 햇살이 쏟아져 들어와 진열장 안을 은은히 비추었다.
　일본인 신사 두 사람을 진열장 앞으로 안내하던, 호리호리한 몸매에 눈이 큰 젊은 남자가 문 쪽에서 나는 소리를 듣고 고개를 돌렸다. 빠끔히 열려 있는 전시실 문틈으로 얼굴 하나가 불쑥 들어왔다. 아마도 휴관일인 일요일에 열려 있는 박물관이 궁금해 들여다본 모양인데, 둥그스름한 얼굴에 눈매가 서글서글해 순박해 보이는 소년이었다.
　젊은 남자가 빙그레 웃으며 소년을 향해 들어오라고 손짓했다. 소년이 멈칫거리며 안으로 들어와, 일본인들 뒤에 한 발자국쯤 떨어져 섰다.

"이게 다 고려 시대 도자기입니까? 참으로 아름답습니다. 우리 일본의 도자기도 무척 잘 만들어지긴 했지만 이렇게 품격 있게 생긴 것은 처음 봅니다."

진열장 안에서 푸른빛 도자기가 반짝이고 있었다. 그 앞에 붙어 선 일본인 신사 중 한 명이 흥분한 목소리로 말을 꺼내자, 나머지 한 명이 고개를 끄덕이면서 맞장구쳤다.

"저는 무엇보다 이 빛깔에 감탄했습니다. 이 신비로운 푸른빛을 무엇이라 표현할까요? 비취 빛깔이라고 딱 잘라 말하기엔 무언가 서운한 이 오묘한 빛깔은……."

일본인 신사들의 눈빛에는 감동과 함께 은근한 탐욕이 서려 있었다.

보는 사람이 없다면 당장이라도 눈앞의 물건에 손을 뻗어 제 것으로 만들려 들지도 몰랐다. 그들을 씁쓸한 표정으로 바라보던 젊은 남자가 천천히 입을 열었다.

"개성의 옛 이름은 송도로, 고려 시대의 도읍지였습니다. 따라서 이 개성 부립박물관에 전시되어 있는 유물들 가운데 가장 많고 중요한 것이 고려 시대에 만들어진 도자기, 즉 고려자기•라 할 수 있습니다. 지금 보고 계신, 주둥이 바로 아래 어깨는 둥글고 풍만하게 퍼지면서 아

고려자기 • 고려 시대에 만든 그릇으로, 흙으로 빚어 높은 온도에서 구운 것을 말한다. 푸른빛, 흰빛, 회색빛 여러 종류가 있는데 특히 청자는 무늬와 빛깔이 아름답고 예술적 가치가 높아 세계적으로 유명하다.

래쪽으로 갈수록 홀쭉해지는 이런 모양의 병을 매병이라고 합니다. 몸체에 그려진 무늬나 그림에 따라 운학문 매병이니 모란문 매병이니 하고 부르지요."

차분히 설명하는 눈이 크고 맑은 남자는 바로 이 개성 부립박물관●의 관장 우현 고유섭●이었다.

새로 부임한 29세의 젊은 박물관장은 의욕이 넘쳤다. 개성 부립박물관이 소장한 유물의 종류와 가짓수가 너무나 빈약한 것을 한눈에 알아보고 부유한 개성상인들을 설득하여 기와집 스무 채 값에 달하는 후원금을 받아 냈다. 그 돈으로 고려의 도읍지였던 개성의 특성을 살려 고려청자를 집중적으로 사들여 소장품의 수를 늘렸다.

고유섭은 유물에 대한 설명을 이어 나갔다. 소년은 일본인들 뒤에 한 걸음쯤 떨어져 따라왔다. 고유섭의 설명을 한마디도 놓치지 않으려는 듯 진지한 얼굴로 귀를 기울였다. 그 모습이 무척 예의 바르게 보였다.

일행이 전시장을 다 돌고 다시 출입문 앞에 섰다. 고유섭은 어쩐지

개성 부립박물관 ● 1930년 11월에 개관한 우리나라 최초의 향토 박물관이다. 개성의 유물과 유적을 보존하고 알리기 위해 개성 부자들이 십시일반 힘을 합하여 세웠다. 일본 유학을 다녀온 이영순이 초대 관장을 맡았으나 곧 그만 두고, 1년 남짓 문을 닫았다가 고유섭이 관장을 맡게 되면서 1933년 다시 개관했다.

우현 고유섭(1905~1944) ● 우리나라 최초의 미술 사학자이자, 문화유산 답사의 선구자이다. 대학 졸업 후, 모교의 미학 연구실에서 근무하다가 개성 부립박물관장 제의를 받게 됐다. 생활을 꾸려 나가기 어려울 만큼 보수가 적었지만, 우리 것을 연구하고 알린다는 사명감으로 주저하지 않고 개성에 왔다.

소년을 그대로 보내고 싶지가 않았다. 그래서 일본인들을 보내고 난 뒤에 소년에게 말을 붙였다.

"송도고보(송도고등보통학교) 교복을 입은 걸 보니 그 학교 학생인가?"

"예."

소년이 공손하게 대답했다.

"그러면 여름 방학 중이겠군. 박물관엔 무슨 특별한 볼일이라도 있는 겐가?"

"아닙니다. 산책길에 들렀다가 박물관 문이 열려 있어서……."

"우연히 들른 사람치곤 설명을 끝까지 열심히 듣던데 다 보고 나니 무슨 생각이 들었는가?"

"전에는 그저 유물들이 참 아름답구나, 우리 조상들의 재주가 정말 뛰어나다, 하는 생각뿐이었는데 오늘 관장님 설명을 듣다 보니 그 아름다움 속에 저마다 큰 의미가 담겨 있는 것 같아 자랑스럽게 느껴졌습니다. 그리고 자꾸만 더 보고 싶어졌……."

소년은 떠듬떠듬 말을 늘어놓다가, 부끄러운 생각이 들었는지 목덜미를 긁적이며 말끝을 흐렸다. 소년과 함께 관사를 향해 언덕을 내려가던 고유섭이 불현듯 발길을 멈췄다. 그러고는 새삼 정색하며 소년에게 물었다.

"학생, 이름이 무언가? 몇 학년이고?"

고유섭을 따라 걸음을 멈춘 소년이 어리둥절한 얼굴로 대답했다.

"제 이름은 최희순(최순우의 본명)이라 합니다. 송도고보 졸업반이고요."

"최희순 학생, 지금은 내가 다른 볼일이 있어 긴 이야기를 나눌 시간이 없네만 나중 언제라도 꼭 한번 나를 다시 찾아와 주게. 잊지 말고, 꼭!"

고유섭의 열띤 어조에 소년도 덩달아 진지한 표정으로 대답했다.

"예, 꼭 다시 찾아뵙고 가르침을 받겠습니다."

스승과 제자로 만나 우리 민족의 혼이 담긴 고유한 문화유산의 가치와 아름다움을 연구하고, 세상에 알리는 일에 평생을 바친 두 사람. 우현 고유섭과 혜곡 최순우의 첫 만남은 이렇게 시작되었다.

박물관에 내딛은 첫발

최순우는 1916년 개성군 송도면에서 육 남매의 막내로 태어났다.

순우의 아버지는 시청 앞에 대서소를 열고 글 모르는 사람들을 대신하여 서류를 작성해 주는 일을 했다. 그런 아버지를 보고 자란 덕분에 순우는 어려서부터 글씨를 잘 썼고, 책 읽기를 좋아했다. 한문 실력도 또래의 아이들 가운데 단연 뛰어났는데, 다섯 살 때부터 열다섯 살 많은 큰형님에게 천자문을 배우기 시작해서 보통학교(지금의 초등학교)에 입학한 후에도 한문 공부를 계속했기 때문이다.

보통학교를 졸업할 무렵에는 장래 글 쓰는 사람이 되고 싶다는 꿈을 가졌다. 송도고보에 입학한 후에는 직접 시를 짓기도 했는데, 그중 잘된 것을 국어 선생님이 소년 잡지사와 신문사에 투고하여 발표된 적도 있었다.

졸업반이 된 순우는 대학에 진학해 문학 공부를 계속하고 싶었다. 하지만 집안 형편이 넉넉하지 못하다는 사실을 잘 알고 있었기에 마음이 답답했다.

고유섭을 처음 만난 날도 그 답답한 마음을 달래 볼 생각으로 자남산 쪽으로 산책을 나갔다가 개성 부립박물관 앞까지 가게 되었던 것이다. 뜻밖에 열려 있는 전시장 문을 기웃거리다가 고유섭을 만나고 꼭 다시 찾아오라는 말을 듣게 되니, 순우는 어쩐지 좋은 일이 일어날 것만 같은 예감이 들었다.

며칠 후 순우는 다시 박물관을 찾아갔다. 고유섭이 기다렸다는 듯이 반가운 얼굴로 맞아 주었다. 사무실에 마주 앉자마자 고유섭은 광채 나는 큰 눈으로 순우를 바라보았다.

"졸업반이라고 했던가? 그럼 졸업 후의 진로에 대해서는 생각해 둔 것이 있는가?"

이제 겨우 두 번째 만남이라 서먹한 기분도 들었지만, 순우는 고유섭의 물음이 내심 반가웠다. 아버지와 형들은 한 번도 던진 적 없던 질문이었다.

"할 수만 있다면 경성에 있는 대학에 진학해서 정식으로 문학 공부를 해 보고 싶습니다. 하지만 집안 형편이……."

순우는 그동안 아버지나 형들에게 털어놓지 못한 속마음을 비로소 내보였다. 가만히 듣고 있던 고유섭이 갑자기 작은 소리로 쿡쿡 웃었

다. 웃음소리에 무안해진 순우가 말을 멈추자, 고유섭이 아예 큰 소리로 껄껄 웃으며 말했다.

"아니, 아니, 자네 말이 우스워서 그런 게 아니네. 어쩌면 나하고 이렇게 닮은 사람이 있는가, 하여 신기한 마음에 나도 모르게 웃음이 나왔다네."

생김새가 전혀 다른 두 사람이 닮았다는 말에 순우는 더욱 어리둥절해서 고유섭의 얼굴만 쳐다보았다. 고유섭이 곧 웃음기를 지우고 설명했다.

"우리 두 사람 얼굴이 닮았다는 말이 아니라, 자네가 문학가를 꿈꾸고 있다는 게 나랑 똑같다는 말이네."

"네? 관장님께서도요?

"그렇다네. 나도 처음엔 경성제대(경성제국대학) 문과에 진학했었지. 뿐인가? 집이 인천이라 기차로 통학을 해야 했는데, 나처럼 기차로 통학하는 학생들과 '경인기차 통학생 친목회'란 모임을 만들어서 감독과 서기를 맡기도 했었다네. 그때 〈경인팔경〉이란 시조를 지어서《동아일보》에 발표한 적도 있지."

"그럼 관장님께선 일찍이 시인이 되신 거네요?"

고유섭은 순우의 놀란 표정을 재미있다는 듯 바라보다가 미소를 머금은 채 대답했다.

"그땐 문학에 푹 빠져서 '낙산 문학회'에도 가입하고 부지런히 작품을 썼지."

"그런데 어떻게 개성 부립박물관장으로 오게 되신 거예요?"

"나 나름으로 깨친 바가 있어서였지. 문학이 꼭 대학에서 공부해야 하는 학문이 아니라는 걸 알게 된 것이네. 그보다는 사회에 나와 우리나라의 장래에 보탬이 되는 일을 하는 것이 더 바람직하다는 생각이 들었다네."

"우리나라의 장래에 보탬이 되는 일이요? 그게 뭔데요?"

"자네는 우리나라가 언제까지 일본의 압제 속에서 살아야 한다고 생각하나? 지금은 비록 힘이 없어서 당하고 있지만 언젠가 반드시 독립하게 될 걸세. 그날을 위해 우리 모두 자기 자리에서 열심히 일하며 힘을 길러야 하지 않겠는가? 나는 내가 할 일을 우리나라의 문화유산을 연구하는 것으로 정했다네. 그래서 다시 입학해서 미학과 미술사를 전공했지. 그러다 보니 우리 문화유산을 찾아내어 연구하고, 사람들에게 널리 알려주는 일을 하는 박물관장이 제격 아닌가?"

"그럼 글쓰기는 아주 그만두신 것입니까? 지금까지 해 온 문학 공부가 아깝지 않으셨어요?"

"아니지. 글쓰기는 아직도 꾸준히 하고 있다네. 내가 연구한 것을 글로 써서 사람들에게 알리는 것이야말로 아주 값진 글쓰기가 아닌가. 그래서 글쓰기란 꼭 대학에서 학문 삼아 공부해야 되는 건 아니라는 걸세. 오히려 자기 일을 열심히 하는 중에 훌륭한 글이 나온다고 생각하네. 하는 일 없이 책상 앞에 앉아 머리를 짜내어 쓴 글로는 읽는 사람에게 감흥이나 재미를 줄 수 없거든."

 그 말을 듣고 있노라니 순우는 고유섭에 대한 존경심이 우러나는 한편, 답답했던 가슴이 시원하게 뚫리는 것 같았다. 그런 순우의 마음을 읽었는지 고유섭이 은근하게 말했다.

 "자네, 그러지 말고 나와 함께 일해 보는 것이 어떻겠나? 자네를 처음 보았을 때부터 예사롭지 않았다네. 고려자기가 그저 아름다울 뿐만이 아니라 그 속에 어떤 의미가 담겨 있는 것 같아 자랑스러움이 느껴진다고 하지 않았던가. 나와 함께 우리 조상들이 남겨 준 역사 유적을 찾아다니며 연구해 보세. 우리 문화유산이 간직한 의미와 가치를 사람들에게 널리 알린다면 얼마나 뜻깊겠는가. 우리 문화유산을 사랑하는

마음이 저절로 나라 사랑하는 마음이 되어 일본의 압제에서 벗어나는 데에 큰 힘이 될 걸세. 지금 당장 대답하기 어렵다면 집에 가서 잘 생각해 보게."

고유섭의 열띤 목소리가 순우의 마음속에 잔잔한 물결이 되어 번져 나갔다.

그날 이후 순우는 자주 고유섭을 찾아가 이야기를 나누었다. 순우의 한문 실력이 상당하다는 사실을 알게 된 고유섭은 자기가 갖고 있는 책들을 빌려 주어 읽게 했다. 대부분 우리나라 사학자들이 쓴 우리의 역사와 문화에 관한 책이었다. 그러는 사이에 순우는 자연스럽게 고유섭을 스승으로 따르게 되었다.

문화유산의 소중함을 깨우쳐 준 스승

　1935년 2월, 순우는 송도고보를 졸업했다. 지난가을에는 부모님 뜻에 따라 결혼도 했다. 아내는 순우보다 한 살이 적은 금섬(금두꺼비)이란 예쁜 이름을 가진 박씨 댁 따님이었다. 가장이 된 순우는 이제 한 집안의 생계를 책임져야 했다.

　순우가 들어간 첫 직장은 고유섭이 주선한 개풍군청 고적계(해당 행정 구역의 고적과 유물을 관리하는 곳) 서기였다. 고유섭의 바람대로 우리나라의 문화유산을 보호하고, 그 소중함을 알리는 일에 첫발을 내디딘 셈이었다.

　순우는 주말마다 도시락을 싸 들고 고유섭과 함께 개풍군의 유적지를 하나하나 답사하기 시작했다. 고려 시대 도읍지였던 개성에는 사찰 터만도 300군데가 넘었고, 개성과 가까운 개풍군 역시 유적이 많았다.

《고려사》●의 기록을 참고해 개풍군에 있는 석탑과 비석, 절터를 일일이 찾아다녔는데, 순우는 기록과 실제를 비교하고 탁본을 뜨는 것을 도왔다. 특히 고유섭은 유적지 답사가 끝날 때마다 자료를 정리해서 답사기를 쓰는 일도 빼놓지 않았는데, 순우는 그 모습을 유심히 살펴보았다. 답사기는 개성에서 한 달에 두 번씩 발간되는《고려시보》에 연재되어 많은 사람에게 우리 문화재의 소중함을 알리는 계기가 되었다.

한편, 고유섭은 순우에게《조선총독부박물관 진열품도감》을 건네며 말했다.

"이 책을 교과서 삼아 공부를 시작해 보게. 도자기는 물론 회화, 공예, 건축에 이르기까지 우리나라 고미술에 대한 체계적인 지식을 쌓을 수 있을 걸세."

그렇게 10여 년의 시간이 흘렀다.

본래 튼튼한 체질이 아니었던 고유섭은 쉴 새 없이 일하다 몸에 큰 병이 생겼다. 한번 병이 들자 끝내 이겨 내지 못하고 우리나라가 광복을 맞기 1년 전인 1944년 늦은 봄, 만 39세의 나이로 세상을 떠나고 말았다.

순우의 슬픔은 말할 수 없이 컸다. 진로를 고민하던 19세 소년에게 앞길을 열어 보여 주고, 10년을 하루같이 그 길을 함께 걷던 스승을 잃

《고려사》● 고려 시대를 기록한 총 139권의 역사책이다. 조선 시대에 세종의 명으로 정인지, 김종서 등이 만들었다.

은 것이다. 29세의 순우는 어디로 갈지 막막했던 10년 전 그 시절로 다시 돌아간 것만 같았다. 그러나 며칠 밤을 울어 새우며 스승의 장례를 치른 순우는 더 이상 슬픔에만 빠져 있지 않기로 했다.

'관장님, 걱정 말고 편히 쉬십시오. 제가 관장님의 뜻을 이어 받아, 혼자서라도 꿋꿋이 그 길을 걸어 나가겠습니다!'

이후 개성 부립박물관은 민태식을 거쳐 이풍재가 3대 관장을 맡게 되었다. 이풍재는 개성 도서관 관장으로서 박물관장까지 겸하게 된 터라 박물관에 대해 모르는 것이 많았다. 자연스레 순우에게 도움을 청하

게 되었고, 순우는 그런 이풍재 관장을 돕다가 개성 부립박물관 서기로 자리를 옮기게 되었다.

  1945년 8월, 제2차 세계 대전에서 패망한 일본이 제 나라로 쫓겨 가면서 마침내 우리나라는 광복을 맞았다. 조선총독부박물관은 국립박물관으로 이름을 바꾸어 김재원*이 초대 국립박물관장을 맡았다. 다음 해

김재원(1909~1990) • 1945년 9월부터 1970년 5월까지 25년 동안 초대 국립박물관장으로 재직했다. 조선총독부박물관이 국립박물관으로 새롭게 출발하면서 초기 국립박물관의 기틀을 세우고, 인재 양성에 힘을 쏟았다.

개성 부립박물관의 완공 직후인 1931년 모습이다.

인 1946년 4월에는 개성 부립박물관이 국립박물관 개성 분관으로 승격되었다. 지방 박물관에서 국가 기관인 국립박물관 소속이 된 것이다.

국립박물관 개성 분관 직원으로서 순우는 많은 활동을 했다. 서울 국립박물관에서 개성으로 유적지 답사나 고분 발굴 작업을 하러 오면 안내와 실무를 맡아 현장에 동행하고, 스승 고유섭이 하던 대로 결과를 정리해 자료로 보관했다. 또 본관에서 신라 시대의 토기와 조선 시대 백자와 분청사기 등을 빌려다가 전시회를 열 때면 문화재가 상하지 않도록 보호하는 책임을 맡았다.

순우의 노력으로 활발한 사업이 이루어지자, 개성군정청 재산 관리

처에서는 광복 이후 일본인들이 남겨 놓고 간 고려청자와 조선백자 수십 점을 국립박물관 본관으로 보내지 않고 개성 분관에 기증했다. 그만큼 개성 박물관의 소장품이 늘어난 것이다. 그러는 동안 순우는 서기에서 참사로 승진을 하고, 서울 국립박물관으로 출장 갈 일이 많아졌다.

하루는 한 신문사에서 박물관 직원들에게 좋은 글이 있으면 보내 달라는 청탁을 했다. 거기에 응해서 쓴 순우의 글이 채택되어 신문에 실렸다. 스승 고유섭과 함께 청자 가마터를 찾아다니던 때의 일을 쓴 것이었다.

〈개성 출토 청자 파편〉(1947년 9월 《서울신문》 발표)이란 제목의 그 글은 오랫동안 청자에 대해 조사하고 연구한 사람만이 쓸 수 있는 것이었다. 그때부터 순우는 박물관 직원들 사이에서 고려청자 전문가로 이름이 났다. 이후 박물관에서 시민을 대상으로 미술 강좌를 열 때마다 도자기 분야의 수업은 순우가 도맡아 했다.

덧붙이는 이야기

한국 미학의 선구자, 우현 고유섭

우현 고유섭은 우리 문화 예술에 대한 안목이 탁월했어요. 또 인문학적 소양도 풍부해서, 우리의 소중한 전통 문화가 말살되어 가던 일제 강점기 때 한국 미술을 학문으로 체계화하는 데 앞장섰어요. 조선백자를 '분청사기'라고 처음 이름 지어 부른 것도 고유섭이었어요. 경주 문무왕릉이 발견되기도 전에 문무왕릉이 실제로 존재한다는 걸 밝혀내기도 했어요. 〈삼국사기〉 문헌 연구를 통해서 말이죠.

고유섭이 우리 민족과 문화를 아끼고 사랑한 건 아주 어린 나이부터였어요. 1905년 인천에서 태어나, 보성고보에 입학하기 직전인 1919년, 3·1운동을 앞두고는 직접 태극기를 그려 아이들에게 나눠 주고 만세 운동을 벌였어요. 이 일로 체포되어서 사흘간 유치장에 갇히기도 했지요.

미술을 제대로 공부하기 시작한 건, 경성제국대학에서 미학과 미술사를 전공하면서예요. 학교를 졸업한 후에는 미학 연구실 조교로 일하며 국내의 중요한 고대 미술품을 조사하고 연구하는 데 힘썼어요.

그러던 중에 1933년 3월 개성 부립박물관장으로 부임하고, 그 뒤 10여 년 간 박물관의 발전을 위해 혼신의 노력을 다했어요. 이 시기 고유섭은 우리 미술사를 집중적으로 연구했어요. 고려의 옛도읍인 개성의 유적과 유물에도 관심이 많았는데, 그중에서도 전국에 흩어져 있는 석탑을 연구하는 걸 좋아했어요. 고유섭은 연구 결과를 모아 《한국 탑파의 연구》라는 책을 냈어요. 이 외에도 《송도 고적》《조선 미술사 논총》《고려청자》 등을 꾸준히 출간하며 우리 미술사에 소중한 글들을 남겼어요. 1944년 세상을 떠날 때까지, 비록 짧은 생애였지만 누구도 가지 않은 길을 걸었지요. 그야말로 한국 미학의 선구자와 같은 존재였어요.

우현 고유섭은 혜곡 최순우가 우리 문화유산의
아름다움에 눈뜰 수 있게 이끌었어요.

    고유섭은 교육자이기도 해요. 어려운 형편에도 후배를 가르치고 제자를 길러 내는 데에 힘을 쏟았어요. 황수영 전 국립중앙박물관장, 진홍섭 전 한국미술사학회 대표, 최순우 국립중앙박물관장 같은 걸출한 인재들을 배출해 냈어요.
    인천문화재단에서는 우현 고유섭의 탄생 100주년을 기념해서 그 업적과 정신을 잇기 위해 2005년 '우현상(又玄賞)'을 제정하기도 했어요.

2장
전쟁 속 우리 문화재를 지키다

전쟁의 포화 속에서

1949년, 순우는 업무 능력을 인정받아 국립박물관 본관 직원으로 발령을 받았다.

순우 내외가 이삿짐을 꾸려 들고 서울행 열차를 타던 날, 아버지와 형님들, 시집 간 누나와 처갓집 식구까지 모두 개성역에 나와 배웅해 주었다. 어머니가 지난해에 세상을 떠난 후, 아내 없이 홀로 남겨진 늙은 아버지의 모습은 더욱 쓸쓸해 보였다. 그러나 쓸쓸한 모습이나마 볼 수 있었던 것도 그날이 마지막이었다.

1945년에 해방이 되면서 우리나라는 삼팔선을 경계로 이북과 이남으로 나뉘어졌다. 그 당시에는 개성이 이남에 속해 있었지만, 1950년 한국 전쟁이 일어나고 3년 뒤 휴전이 되었을 때는 휴전선이 새로 그어지면서 개성이 북녘땅이 되어 버렸다.

1950년 6월 25일, 북한군이 삼팔선을 넘어 진격해 오고 있다는 소식이 들려왔다. 김재원 관장이 순우를 비롯하여 국립박물관 직원들을 모아 놓고 말했다.

"이제 만일의 사태에 대비해야 할 때가 왔습니다. 여러분, 서둘러 박물관의 소장품을 하나도 빠짐없이 창고로 옮겨 주십시오!"

전쟁으로부터 문화재를 보호하기 위해 국립박물관 직원이 전부 동원되었다. 유물을 창고로 옮기는 사이, 서울은 북한군에 점령당했고, 박물관 역시 그들의 손아귀에 들어갔다.

박물관을 차지하고 앉은 북한군은 직원들에게 창고에 보관된 문화재를 모두 꺼내 북한으로 옮겨 가기 쉽도록 포장하라는 명령을 내렸다. 한편으로는 순우와 손재형●을 성북동의 보화각(지금의 간송미술관)으로 보내어 그곳의 소장품을 전부 포장해 놓으라고 했다.

보화각은 전형필●이 개인 재산으로 사들인 우리나라의 고미술품을 보관해 놓은 곳이었다. 일제 강점기에 우리나라에 들어와 살던 일본인들은 우리나라 고미술품의 가치를 일찌감치 알아보고, 눈에 띄는 대로

소전 손재형(1903~1981) ● 서예가이자 고미술 수집가이다. 광복을 맞기 얼마 전, 일본으로 건너가 수장자인 후지즈카 치카시의 집 앞에서 몇 달 동안 무릎을 꿇고 사정한 끝에 추사 김정희의 '세한도'를 되찾아 온 일화로 유명하다.
간송 전형필(1906~1962) ● 교육가이자, 문화재 수집가이다. 우리 문화재가 일제에 의해 해외로 유출되는 것을 막고자, 물려받은 막대한 재산과 위창 오세창 선생에게 전수받은 탁월한 감식안으로 문화재 보호에 앞장섰다. 소장품을 보관하기 위해 1938년 우리나라 최초의 사립 박물관인 보화각(보배를 두는 집)을 지었다.

수단과 방법을 가리지 않고 손에 넣었다. 간송은 그런 일본인에 맞서 귀중한 선조의 유물을 지키고 되찾아 오기 위해 부친에게서 물려받은 재산을 아낌없이 썼다. 그리고 되찾은 유물들을 보관하기 위해 성북동에 별도의 건물을 짓고 보화각이라 이름 붙였다.

순우와 손재형은 소중한 문화재를 결코 북쪽으로 보낼 수 없다는 데 뜻을 모았다. 두 사람은 이런저런 구실을 붙여 시간을 끌었다.

"동무들, 늑장 부리지 말고 날래 작업하시오!"

"늑장을 부리다니요, 그림은 구겨지거나 습기가 배면 안 되니 함부로 다룰 수 없습니다!"

"도자기를 하나 싸는 데 종이가 여러 장 필요하니, 종이를 많이 구해 주세요."

"불상은 머리 부분이 약해서 서두르다가는 사고가 날 수 있어요."

그러는 사이, 국군과 연합군이 서울로 진격해 들어왔고● 보화각은 무사히 위기를 넘겼다. 국립박물관과 덕수궁 미술관을 점령했던 북한군 역시 유물을 포장만 해 놓은 채 달아났다.

국립박물관은 잠시 평온을 되찾았다. 하지만 불과 한 달 남짓 만에 중공군이 북한군에 합세하여 인해 전술로 다시 공격해 왔다. 11월 말쯤 우리 쪽 군대가 남쪽으로 후퇴하고 있다는 소식을 들은 김재원 관장은

● 이때의 일을 '9·28 수복'이라 한다.

미군정청의 협조를 얻어 미군의 군수품을 운반하는 커다란 화물 열차를 빌렸다. 미군 화물 열차에 박물관 유물은 물론, 박물관 관장을 비롯한 직원들도 함께 타고 부산으로 피난했다.

뒤미처 북한군과 중공군이 서울까지 밀고 내려왔다.● 서울 시민 절반 이상이 살길을 찾아 각지로 흩어지고 정부도 남쪽으로 후퇴하여 부산이 임시 수도가 되었다. 그로부터 두 달 뒤 서울이 수복되었다는 소식이 들려오자, 김재원 관장은 순우에게 서울 출장 지시를 내렸다.

"최 학예관, 지난번에 미처 부산으로 가져오지 못한 문화재의 운송을 부탁합니다. 또 국립박물관과 덕수궁 미술관이 그 사이에 어떤 피해를 입었는지도 조사해서 보고해 주세요. 최 학예관이라면 잘 해낼 거라고 믿습니다."

순우가 서울 출장을 떠나게 되었다는 말에 아내 역시 두 가지 부탁을 했다. 살던 집에 가서 초(식초) 항아리가 잘 있는지 살펴보고, 혹시 바둑이가 죽지 않고 여전히 집을 지키고 있다면 데리고 내려오라는 것이었다. 그건 아내 부탁이 아니어도 순우 스스로 마음먹은 일이기도 했다.

작년 겨울, 박물관 직원들과 함께 유물을 실은 화물 열차에 올라 부산으로 피난을 떠날 때였다. 사람도 겨우 차편을 구해 피난을 가던 때라, 순우 내외는 차마 기르던 개까지 데리고 가겠다는 말을 하지 못했

● 이것이 1951년 1월에 일어난 '1·4 후퇴'이다. 두 달 후인 3월 중순, 남쪽으로 후퇴했던 국군과 유엔군이 다시 반격을 시작해 서울을 점령했던 중공군을 북쪽으로 몰아냈다.

다. 이웃집 사람에게 쌀 몇 말을 주고 서울에 남아 있는 동안만이라도 바둑이를 돌보아 달라고 부탁했지만 그 사람마저 며칠 안 있어 어디론가 피난을 떠났다는 소식을 들었다. 그 뒤 바둑이가 어떻게 되었는지는 알 수 없었다.

순우는 서울에 닿자마자 덕수궁 미술관과 국립박물관 전시실로 쓰이는 경복궁 안 여러 전각의 피해 상황을 둘러보고, 보고서를 작성해 부산으로 가는 군용 비행기 편에 부쳤다. 이제 남은 일은 박물관에 남겨 놓고 간 문화재와 중요 문서 들을 부산으로 갖고 내려가는 것이었다. 하지만 혼자서 해내려면 며칠이 걸릴지 알 수 없는 일이었다.

'전에 살던 집부터 둘러보고 와야겠군……'

순우는 경복궁 뒤뜰을 가로질러 삼청동 쪽으로 걷기 시작했다. 사람의 기척이 전혀 없는 경복궁의 넓은 뜰에는 잡초가 우거지고, 폭탄이 떨어져 생긴 움푹한 웅덩이가 여기저기 있었다. 또 한두 군데 전각은 아예 무너져 폐허가 되어 있었다. 발목에 엉기는 잡초를 헤치며 이마에 진땀이 밸 때까지 한참을 걸어가자 비로소 순우네가 살던 작은 집이 모습을 드러냈다.

기둥이 비스듬히 기울고 꼭 닫아 둔 문짝이 아예 떨어져 나간 것을 보자 순우의 가슴이 마구 두방망이질을 해 댔다.

'집이 이렇게 험한 꼴을 당했는데 바둑인들 무사했을까? 아니, 무사히 넘겼다 해도 그 춥고 긴 겨울 동안 무엇을 먹고 살았겠는가?'

한없이 미안한 마음을 누르며 집 마당으로 들어섰다. 눈길로 찬찬히 대청과 건넌방 쪽마루를 더듬어 가던 순우는 소스라치게 놀랐다. 바둑이의 털 빛깔을 한 작은 물체가 건넌방 쪽마루 위, 바둑이가 늘 즐겨 앉던 그 자리에 납작하게 널브러져 있었던 것이다. 바둑이가 죽었다는 생각에 순우는 더 이상 한 발짝도 움직일 수가 없었다. 그런데도 입에서는 오래된 버릇대로 휘파람 소리가 흘러나왔다.

'휘이휘이 휘요오…….'

그건 바로 순우가 외출했다 집에 돌아올 때마다 바둑이를 부르던 소리였다.

그런데 다음 순간, 쪽마루 위에 죽은 듯 쓰러져 있던 바둑이가 부스스 고개를 들었다. 그러고는 비틀거리면서 달려오더니 순우의 바짓가랑이를 잡고 매달렸다. 순우는 무릎을 털썩 꿇고 뼈만 앙상하게 남은 바둑이를 얼싸안았다. 순우의 눈에서 눈물이 흘러내렸다. 미친 듯이 순우의 얼굴을 핥아 대는 바둑이의 눈시울도 촉촉이 젖어 있었다.

혼자서 피난시킨 벽화 60점

　순우는 아침부터 저녁까지 서역 벽화(중앙아시아 지방의 유물)들을 하나씩 따로 포장했다. 밤에는 덕수궁으로 가서 미술관장이 살던 빈 사택에서 잠을 잤다. 바둑이가 지키고 있던 삼청동 집은 수리가 필요한 데다가 인적 없는 산골짜기라 안전에도 문제가 있었기 때문이다. 덕수궁의 미술관장 사택도 사정은 마찬가지였지만 그나마 도심 한가운데이고 궁궐 담이 둘러쳐져 있어 의지가 되었다.
　'벽화를 포장하는 데 쓸 만한 포장재가 있는 것도 아니니 이를 어찌한다······. 우선 창고의 판자벽을 뜯어다가 알맞게 잘라 벽화를 감싸고, 박물관 뜰에 흩어진 군용 전선을 주워다가 노끈 삼아 묶어야겠군.'
　박물관에 근무하던 수위도 대부분 피난을 갔는데 다행히 그중 나이 많은 한 사람이 남아 있었다. 순우가 찾아가 부탁하자, 낮이면 박물관에 나와 포장을 도와주었다.

　순우가 이번에 부산으로 가져가야 하는 유물 중에 가장 중요한 것은 60점의 서역 벽화로 '오타니 컬렉션'•의 일부였다. 오타니 컬렉션은 흙벽에 그려진 그림을 한 부분씩 얇게 떼어 낸 것이라서 다른 문화재들과 함께 실어 옮기다가는 훼손될 우려가 있었다. 그래서 전시관 2층 창고에 보관해 놓고 떠났던 것이었다.

　벽화의 크기는 대개 가로세로가 30, 40센티미터 내외였다. 크다고는 할 수 없었지만 흙벽이라 묵직했고, 부서지거나 색을 칠한 부분이 벗겨질 염려가 있어서 여간 조심해서 다루지 않으면 안 되었다. 순우는 하루의 일을 마치고 나면 몸도 마음도 지쳐 버렸다.

　전기도 들어오지 않는 어두운 방에 영창으로 비쳐 드는 달빛만이 희미했다. 방문 밖에서는 순우의 군화를 방석 삼아 웅크리고 있는 바둑이의 쌔근대는 숨소리가 들려왔다. 순우가 방문을 열고 손전등을 비추니 바둑이가 머리를 들고 꼬리를 이리저리 저으며 좋아했다. 댓돌 위에 깔아 준 방석도 마다하고 꼭 순우가 벗어 놓은 낡은 군화 위에서만 자니 안쓰러웠다.

오타니 컬렉션 • 일본 교토 지방 어느 사찰의 주지인 오타니 고즈미(1876~1948)가 중앙아시아 여러 곳에서 강제로 약탈해 온 문화재이다. 오타니의 기증으로 조선총독부박물관에 있다가, 광복과 함께 국립박물관 소장품이 되었다. 남의 나라 문화재를, 그것도 동굴 벽에 그려진 벽화까지 강제로 뜯어 온 오타니의 소행은 괘씸하지만 벽화 그 자체로는 인류의 소중한 문화유산이다.

'혹시나 내가 또 저를 버리고 사라질까 봐 지키고 있는 것일 테지. 바둑아, 미안하다.'

방문을 닫고 도로 누우니, 전쟁의 포연에 휩싸였을 고향 개성과 부산에 홀로 있는 아내 생각이 동시에 났다. 순우는 아내가 부탁한 대로 바둑이를 찾은 다음에 살던 집 부엌과 장독대를 돌아보았지만 장항아리는 모조리 깨져 있고 초 단지는 누가 들고 갔는지 흔적조차 없었다.

아버지와 형님들의 식성을 닮아 순우는 초가 들어간 음식을 좋아했다. 순우가 결혼해서 첫 살림을 날 때 어머니는 직접 담근 초를 나누어 주었고, 순우의 아내도 그것으로 계속 초를 만들었다. 개성 분관에서 서울 본관으로 전근되어 이사를 올 때도 잊지 않고 가져온 초 단지였다. 그런 초 단지를 잃다니, 순우는 고향과 이어진 끈 하나가 끊어지고

만 것 같아 무척이나 아쉽고 안타까웠다.

'전쟁은 언제나 끝이 날까? 아버지와 형님들, 누님은 무사하신 걸까?'

고향에서, 흰 눈이 포근한 이불처럼 온 세상을 덮은 겨울밤에 아버지와 형님들이 새콤한 향의 산사자 차를 끓여 마시며 두런두런 이야기를 주고받던 장면이 눈앞에 그려졌다. 그럴 때면 순우도 차에 설탕을 넣어 한 잔 달라고 조르곤 했는데, 맛보다 하얀 찻잔에 담긴 투명하고 발그스레한 빛깔이 참으로 예뻐서 한참이나 손에 들고 들여다보았었다.

어려서부터 순우는 예쁘고 아름다운 것에 마음을 뺏긴 적이 많았다. 손재주 많은 누님이 봄날 양지바른 뜰 한구석에서 만들어 주던 풀각시. 김장 무 토막을 수반에 앉혀 한겨울 방 안에 피워 내던 무꽃. 누나가 모난 수반이나 커다란 접시에 피나 조 같은 자잘한 곡식의 씨앗을 뿌리고 물을 주면 파랗게 자라난 싹들이 꼭 넓게 펼쳐진 초원을 보는 듯했다. 순우는 말을 타고 한없이 푸른 초원을 달려가는 모습을 상상하며 그 앞에서 떠날 줄을 몰랐다.

어머니가 손수 만드신 초의 맑은 호박빛과 그 초를 써서 형수가 만들어 내는 초두부도 순우의 눈에는 모두 곱고 예뻤다. 손바닥 두께로 길게 토막 낸 두부를 납작한 냄비에 앉히고 초간장으로 간을 맞춰서 위에 얹은 파, 마늘이 아주 숨 죽지 않을 만큼만 끓여 낸 초두부는 맛이 좋았다. 하지만 무엇보다 하얀 두부 위에 파란 실파와 빨간 고춧가루 양념

이 곱게 자리 잡은 모양이 순우의 눈길을 끌곤 했다.

 멋진 글씨체로 글을 쓰던 아버지의 모습과 아버지가 거처하시던 방의 남창 앞으로 가지를 뻗은 매화 등걸에서 음력 정월 무렵 피어나던 향기롭고 청초한 꽃송이들. 그 모두가 순우의 어린 시절을 아름답게 수놓아 주는 기억이다.

 그러나 일상생활에서 우러나는 소소한 아름다움보다 더 큰 의미를 지닌 아름다움이 있다. 바로 한 나라의 문화유산이 지닌 민족 고유의 아름다움이다. 감수성이 풍부한 문학 소년 순우에게 처음으로 그런 가르침을 주었던 스승 고유섭. 그분의 피와 땀과 혼이 서린 개성 부립박물관은 그 자리에 그대로 남아 있을까? 순우의 귓가에는 생전에 하시던 스승의 말씀이 나직하게 들려오는 듯했다.

 '한국의 고미술은 장래에 반드시 세계적으로 재평가를 받게 될 것이다. 그러니 한국 미술의 체계를 세우고 그 가치를 우리 민족의 가슴에 올바르게 심어 주는 일에 정성을 다할 일이다.'

 서역 벽화 60점과 박물관의 중요 문서와 서책 들을 포장하는 데 한 달 가까운 시간이 걸렸다. 그러는 사이 중공군의 공세가 다시 시작되어 포성이 서울 변두리까지 다가왔다. 중공군과 국군이 마주 쏘는 대포 소

리가 밤새도록 귀청을 찢고, 아군과 적군의 후퇴와 반격이 거듭되는 상황 속에 갈 길을 잃고 서울에 남아 있던 시민들이 허둥지둥 뒤늦은 피난을 가느라 거리는 온통 아수라장이 되었다. 그런 가운데 순우는 문화재와 문서 들의 포장을 끝내기 위해 안간힘을 썼다.

　드디어 포장이 다 끝났다. 순우의 보고를 받은 김재원 관장의 요청으로 미군은 석 대의 트럭을 동원해서 문화재를 서울역까지 실어다 주었다. 부산으로 가는 화물 열차에 올라탄 순우의 품에는 바둑이가 소중하게 안겨 있었다.

박물관 화랑에서 열린 현대 미술 전시회

부산이 임시 수도가 되자, 생활 터전을 잃은 사람들과 먹고살 길을 찾아 전국 각지에서 몰려든 사람들로 부산 거리가 넘쳐 났다.

그중에는 작가나 화가 같은 예술가들도 있었는데, 순우는 김환기 화백을 통해 차츰 그들과 친분을 쌓아 나갔다. 순우와 김환기는 서울에 있을 때부터 각자 발표한 글을 통해 서로의 이름을 알고 있었다. 글에는 쓴 사람의 마음이 담겨져 있기 마련이라, 두 사람은 서로의 글만 보고도 통하는 구석이 있다고 생각하게 되었다. 그러다가 부산에서 직접

수화 김환기(1913~1974) • 한국 근현대 미술사를 대표하는 거장으로, 프랑스와 미국에서 활동하며 한국 미술의 국제화를 이끌었다. 최순우가 현대 미술 평론에 관심을 갖는 계기를 만들어 주었다. 훗날 최순우는 김환기에 대해 '그가 평범한 돌 한 쪽이나 나무토막 하나를 어느 자리에 자리 잡아 놓아도 그대로 그것은 멋일 수 있었고, 또 새로운 아름다움의 창조였다'고 회고하기도 했다.

만나게 되자, 당장에 마음을 털어놓는 친한 사이가 되었다.

순우보다 세 살이 많은 김환기는 그림뿐 아니라 글재주도 뛰어난 사람이었다. 하지만 순우는 무엇보다 한국의 전통적인 아름다움을 꿰뚫어 보는 김환기의 높은 안목에 깊이 끌렸다.

김환기는 이중섭●과 천경자●, 정규● 같은 화가들을 순우에게 소개해 주었다. 순우는 김기창●과도 친하게 지냈는데, 어릴 때 개성에서 함께 자란 순우와 김기창은 어른이 되어 피난지에서 다시 만나 각별한 사이가 되었다.

전쟁을 피해 부산으로 몰려든 화가들은 꾸준히 전시회를 열었다. 당시 화가들에겐 전시회를 열어 그림을 파는 것이 유일한 생계 수단이었다. 전시장을 빌리지 못하면 찻집에서라도 그림을 전시했지만, 개인전을 열려는 화가들이 많다 보니 전시회를 열 장소가 항상 부족했다.

순우는 박물관에서 작품 전시회를 열어도 좋을 것이라 생각하고, 화

대향 이중섭(1916~1956) ● 시대의 아픔과 굴곡 많은 생애의 울분을 '소' 그림을 통해 분출해 낸 근대 서양화가이다. 대담하고 거친 선 가운데 천진무구한 소년의 정감이 녹아 있는 것이 특징이다. 그의 은지화(담뱃갑 속의 은지에 송곳으로 눌러 그린 그림)는 고유성을 인정받아 뉴욕 현대미술관(MoMA)에 소장되어 있다.
천경자(1924~) ● 수차례의 전시회를 가진 화가이자, 지구를 몇 바퀴나 돌면서 쓴 기행문과 수필, 자서전 등을 남긴 작가이기도 하다.
정규(1923~1971) ● 일본 제국미술학교를 졸업하고 미국에서 판화와 도자기를 공부한 서양화가이다. 1954년 이래, 이대와 홍대에 출강했으며, 1963년부터 경희대 교수로 재직했다.
운보 김기창(1913~2001) ● 7세 때 청력을 잃었으나, 그림에 매진하여 경지에 이른 화가이다. 힘찬 붓질과 호방하고 동적인 화풍으로 독자적인 한국화를 그려 냈다는 평가를 받는다.

가들을 만난 자리에서 이야기했다.

김환기가 고개를 갸우뚱했다.

"박물관하고 현대 미술 작품은 어울리지 않는 것 같은데……?"

"그러게 말입니다. 박물관은 옛날부터 전해 내려온 유물들을 보관하고 전시해 놓는 곳인데, 현대 미술 작품과는 분위기부터 다르지요."

순우와 나이가 같은 이중섭이 불쑥 끼어들었다. 김환기가 말을 이었다.

"박물관에 현대 미술 전시회를 보러 올 사람이 있겠는가? 박물관이라 하면 뭔가 골치 아픈 곳으로 여겨서 보통 사람들은 여간해선 잘 드나들려 하지 않으니 말일세. 게다가 말이 국립박물관 부산 본부지, 밖에서 보면 그냥 창고 건물 아닌가. 가뜩이나 안 팔리는 그림들을 그냥 창고로 직행시키는 꼴이거든."

김환기가 자신이 한 말이 우습다는 듯 하하거리니 다른 사람들도 따라 웃었다.

부산에 자리 잡은 박물관 건물은 광복동에 있는 지방 관재청 창고였다. 전부 4층인데, 1층은 수위실과 창고, 2층은 사무실, 3층은 학예실과 서무과, 4층은 관장실로 꾸려졌다. 모양은 갖추었으나 국립박물관 사무실 앞에 관재청 사무실이 있고, 박물관 직원들은 창고 문으로 출퇴근을 하는 형편이어서, 김환기가 그런 말을 하는 것도 무리는 아니었다.

"그러니 더욱 박물관에서 전시회를 하고 싶은 겁니다. 여기 국립박물

관이 있다는 걸 알려야지요. 국립박물관에 현대 미술 작품 전시회를 구경하러 온 사람들은 박물관이라 해서 옛날 물건만 취급하는 곳은 아니로구나, 하고 박물관을 좀 더 친숙하게 생각하게 될 겁니다."

순우가 힘을 주어 말했다.

"말하자면 현대 미술 작품이 사람들을 박물관으로 오게 만드는 미끼가 되는 셈인가요?"

네 사람 중 가장 나이가 어린 장욱진●의 말에 또 한바탕 웃음이 터졌다. 순우가 웃음기 머금은 얼굴로 대답했다.

"그렇게 생각해도 상관없지만, 화가들에게도 전시장이 생겨서 나쁠 것은 없지 않은가? 피난민들의 삭막한 마음을 달래 줄 장소가 하나 더 늘어나는 셈이기도 하고……."

"하기야 모든 예술에는 마음의 고통을 치유해 주는 힘이 있으니까."

김환기가 고개를 끄덕이며 말했다. 김환기의 말에 힘을 얻은 순우가 말했다.

"그런 점에서는 고미술이나 현대 미술이 똑같은 것 아니겠습니까? 사람들이 현대 미술 전시회를 보러 왔다가 박물관하고 친해지면, 나중에는 고미술 전시회도 보러 오게 되겠지요. 많은 사람들이 우리나라 고미술의 아름다움을 알아보면 좋겠어요. 예술은 마음의 고통을 치유해

장욱진(1917~1990) ● 서양화가이다. 동화·전설·이웃 등의 소재를 사용하였으며, 동양적 철학 사상을 담아냈다는 평가를 받는다.

주는 것은 물론, 힘들고 지쳐서 거칠어진 마음을 위로하는 힘도 가지고 있지 않습니까? 저는 우리 문화유산이 지닌 고유의 전통적인 아름다움이 사람들에게 큰 힘을 주리라고 믿습니다."

"아이고, 최 선생은 그저 우리나라 것이라면 뭐든지 최고라고 한단 말씀이야."

누군가 질렸다는 투로 장난스레 말했지만 순우는 짐짓 못 들은 체하며 한마디 툭 내던졌다.

"그럼 박물관 전시 이야기는 없었던 걸로 할까요?"

그 말에 김환기가 너털웃음을 터뜨리며 손사래를 쳤다.

"알았네, 알았어. 사실 우리 가난뱅이 화가들이야 어디에서건 전시회를 열어 준다고 하면 감지덕지 아닌가. 우리는 작품을 선보일 자리를 얻어서 좋고, 박물관은 나 여기 있소 하고 광고할 기회를 얻어서 좋고. 상부상조하세그려."

얼마 후, 박물관 2층 사무실에 마련한 현대 미술 전시회는 제법 사람들의 관심을 끌었다. 힘을 얻은 순우와 화가들은 한 번으로 그치지 않고 박물관에서 몇 번 더 전시회를 열었다. 그러는 동안에 사람들도 점점 박물관에 관심을 갖기 시작했다.

우리 문화재 지킴이 간송 전형필

어느 저녁, 박물관 사무실을 나서던 순우 앞에 반가운 얼굴이 보였다. 바로 보화각의 주인, 간송 전형필이었다. 진작 부산으로 내려와 있던 간송과 순우는 어느새 매일같이 만나는 사이가 되어 있었다.

두 사람은 한국 전쟁이 일어나기 직전인 1950년 4월, 경복궁 안 국립 박물관에서 열린 국보 특별 전람회장에서 처음 만났다. 간송은 순우보다 열 살이나 위였지만 두 사람은 우리 문화재를 아끼는 서로의 마음을 알아보고 오랜 친구처럼 친숙한 감정을 느꼈다.

더욱이 순우가 보화각의 소장품을 지키기 위해 위험을 무릅쓰고 지연작전을 폈다는 것을 알게 된 간송은 순우를 친동생처럼 여기게 되었다. 순우의 본명 희순(熙淳)에서 순(淳) 자를 떼어 자신의 아들과 같은 돌림자를 넣어 순우(淳雨)라는 필명을 지어 주고, 혜곡(兮谷)●이라는 호를 만들어 준 사람도 간송이었다.

순우는 간송의 얼굴빛이 평소와 다른 것을 알아보았다.

"안색이 평소와 달리 어두워 보이십니다. 혹시 무슨 안 좋은 일이라도……?"

순우의 물음에 간송이 보일 듯 말 듯 미간을 살짝 찌푸리며 대꾸했다.

"요즘 광복동 거리에 우리 옛 유물들이 은밀히 거래되고 있다는 소문 들었는가? 그 이야기를 듣고 서울에 남겨 놓고 온 물건들이 걱정되던 참에, 어제는 골동 취미가 있어서 나하고도 안면이 있는 어떤 사람이 새로 산 옛 그림 몇 폭을 구경하러 오라고 하더군. 혹시나 싶어 자네와 함께 가 보려고 들렀네."

간송의 이야기를 듣는 동안 순우의 마음도 차츰 무거워졌다.

작년 겨울, 1·4 후퇴 직전 간송은 보화각의 유물들을 다른 곳으로 피난시킬 채비를 했다. 하지만 그 많은 소장품을 개인의 힘으로 옮기는 것은 무리였다. 결국 국가가 지정한 문화재를 중심으로, 가치가 높은 일부 유물만을 챙겨 부산의 아는 사람 별장으로 피난시켰다. 나머지 미술품은 아직 보화각에 남아 있는 상태였다.

찾아간 집의 주인은 미리 여러 폭의 그림을 걸어 놓고 간송과 순우를

혜곡(兮谷) • 최순우의 고향 마을 해나무골(槐谷)에서 골짜기를 뜻하는 곡(谷)을 강조하여 어조사 혜(兮)를 붙여 쓴다. 어조사 혜(兮) 대신 인자할 혜(惠)를 쓰기도 한다.

 기다리고 있었다. 주인은 자신의 안목이 어떠냐고 자랑하듯이 두 사람의 얼굴을 번갈아 보았다. 간송은 그저 빙그레 웃을 뿐이었다. 주인은 웃음의 의미를 자기 좋도록 해석하고 더욱 의기양양했다.

 그림 구경을 다 하고 그 집에서 나와 호젓한 길로 접어들자, 간송이 비로소 한마디 했다.

 "아까 본 그림들은 전부 보화각에 남겨 놓고 온 유물이었네. 아무래도 보화각은 이미 남의 손에 결딴이 난 성 싶구면."

 간송은 긴 한숨을 쉬었다. 순우는 간송이 걸려 있는 그림을 보며 쓴웃음을 지을 때부터 이미 짐작하던 터였다. 두 사람의 발길은 저절로 단골 대폿집으로 향했다.

　　대폿집에 자리를 잡고 앉아 묵묵히 막걸리 잔을 비우던 간송이 한참 만에 입을 열었다.

　　"내가 힘자라는 대로 우리나라 고미술품을 사들인 것은 개인적인 욕심 때문이 아니었네. 우리 유물이 나라 밖으로 흘러 나가는 것을 막기 위해서였지. 그러니 나라 안에서야 누가 내 소장품을 손에 넣는다 해도, 그대로 소중히 간직해 주기만 한다면 조금은 덜 억울하겠네. 하지만 정당한 방법이 아닌 도둑질로 물건을 얻은 사람이 그걸 집에 고이 모셔 두겠나? 그 가치를 제대로 알지 못하니 아무한테나 쉽게 팔아 버릴 테지. 그렇게 제값도 받지 못하고 헐값에 이리저리 팔려 다니다가, 상하거나 끝내 다른 나라로 새어 나가는 유물들을 생각하면 이 뼈가 다

아프다네."

"일제 강점기에는 일본인들 등쌀에 수난을 입더니, 이번엔 나라 안에 전쟁이 나서 또 한번 수난을 겪는군요. 일제 때는 그나마 간송 선생님 같은 분이 계셔서 조금이라도 피해를 줄일 수가 있었는데, 이번 난리에는 또 얼마나 많은 피해를 입게 될지……. 생각만으로도 가슴이 답답해집니다."

"일본 놈들을 생각하면 아직도 치가 떨리네. 멀쩡한 남의 나라 문화재를 저희들 마음에 든다고 석탑이며 불상까지 약탈해다가, 제 집 정원에 장식으로 세워 놓고 자랑하는 놈들 아닌가."

"해방 직후에는 도굴꾼까지 앞세워서 긁어모은 문화재를 제 나라로 실어 가려고 발버둥을 쳤었지요. 그중에는 오구라 다케노스케• 같은 돼먹지 못한 놈도 있었고……."

순우가 꺼낸 이야기에 간송은 막걸리 잔을 든 채 쓴웃음만 지었다.

해방 직후 다른 일본인들은 제 나라로 도망가느라 정신이 없을 때였다. 오구라 다케노스케는 트럭을 끌고 부여 박물관에 나타나 아직 남아 있던 일본인 직원에게 박물관의 고미술품을 팔라고 했다고 한다. 욕심이 지나쳐서 사리 분별이 제대로 안 되었던 모양이다. 단번에 거절당한

오구라 다케노스케(1870~1964) • 일제 때 대구에 살면서 전기 회사를 운영해 많은 돈을 번 사업가이다. 그 돈으로 도굴꾼까지 고용해 우리나라 전역의 문화재를 닥치는 대로 수집해서 집 안에 쌓아 두었다. 광복 직전 그 대부분을 배에 실어 일본으로 몰래 빼돌렸다.

오구라는 결국 제가 긁어모았던 문화재도 미처 다 가져가지 못한 채 일본으로 도망쳤다.

그런데 그처럼 경우 없는 일본인이 오구라 하나만은 아니었다. 일제 강점기에는 우리나라 고미술품을 사고파는 것을 마치 자기 주머니 속 물건 집어내듯이 쉽게 생각하는 일본인이 열 손가락으로 가득 채울 만큼이나 많았다. 간송은 그런 일본인들을 견제하며 우리의 문화재를 지키거나 되찾아 오기 위해 선조로부터 물려받은 재산을 아낌없이 썼던 것이다.

"앞으로 더 많은 보화각 물건이 밖으로 흘러나올 텐데 선생님은 어찌 하실 작정이십니까?"

침통한 표정으로 막걸리 잔을 들여다보는 간송에게 순우가 물었다. 간송이 천천히 고개를 들며 말했다.

"글쎄. 이젠 내 능력도 전만 못해졌으니……정 아까운 물건이 눈에 띄면 도로 사들일 수도 있고, 어쩌다 물건이 주인을 잘 만났다고 생각되면 포기도 해야겠지. 그러나 우리나라 고미술품을 아끼고 사랑하는 마음만은 죽을 때까지 변함이 없을 걸세."

'저도 선생님과 똑같은 마음입니다.'

순우도 속으로만 중얼거리며 마음을 다잡았다.

실향의 슬픔을 달래 준 친구들

1953년 7월 27일, 판문점에서 휴전 협정이 이루어지면서 3년 동안 계속된 한국 전쟁이 마침내 끝을 맺었다.

전쟁은 끝났지만 국토는 삼팔선으로 두 동강이 났고, 순우의 고향 개성은 북녘땅에 흡수되고 말았다. 전쟁 중에 형님 세 분과 처갓집 식구가 남쪽으로 피난해 와 불행 중 다행이었지만 고향에 남은 아버지와 큰형님은 다시 만날 기약이 없어졌다.

서로 먹고살기 바쁘다 보니, 남쪽에 자리 잡은 세 형님과도 왕래가 잦지는 못했다. 피난살이 시름을 덜어 주던 바둑이도 전쟁이 끝나기 전 옆방 청년이 훔쳐다가 자기 부모 집에 묶어 둔 것을, 줄을 끊고 도망쳐 돌아오긴 했으나 그 길로 병을 얻어 죽고 말았다.

서울 환도와 더불어 박물관은 경복궁으로 다시 돌아왔고, 순우 부부는 삼청동 집을 수리해서 그대로 살게 되었다. 박물관 근무와 더불어 전과 다름없는 일상이 시작되었으나 가족과 고향을 잃은 순우의 마음은 허전하기만 했다.

그 허전한 마음을 달래 준 것은 부산 피난살이를 함께하며 친해진 화가들이었다.

그중에서도 김환기는 특히 순우를 아꼈다.

"이보게, 내 집 근처로 이사를 오게. 가까이 살면서 함께 담소도 나누고 술잔도 기울이면 얼마나 좋겠나!"

김환기는 전에 살던 성북동의 한옥 집을 다시 찾아서 새로 화실을 들이고, 아담한 안뜰도 보기 좋게 꾸몄다. 그리고 순우를 집에 초대해 술잔을 나누면서 근처 집값이 싸니 이사를 오라고 권한 것이다. 말에서 그치지 않고 직접 복덕방을 찾아다니며 순우가 이사 올 만한 집을 알아보기도 했다. 하지만 두 사람이 한동네에서 사는 일은 이루어지지 않았다. 성북동 골짜기가 너무 외지고 호젓해 순우가 술이라도 마시고 늦게 오는 날이면 무서워서 싫다는 아내의 반대 때문이었다.

김환기는 힘이 닿는 한 순우에게 도움이 되는 일은 무엇이든 해 주고 싶어 했다. 순우가 1954년부터 홍대에서 미술사 강의를 할 수 있었던 것도 홍대 미술학부 학장이던 김환기가 힘을 써 주어서 가능한 일이었다. 김환기는 혼자서 갈고닦은 실력이 뛰어남에도, 순우가 대학을 나오지 못했다는 이유로 선뜻 강사 자리를 주는 대학이 없어 늘 안타깝게

여겼던 것이다.

순우는 어른이 되어서도 문학 소년 시절의 감수성을 잃지 않아 마음결이 곱고 정이 많았다. 그러다 보니 한번 친구가 된 사람과는 끝까지 깊은 우정을 나누었다. 부산 피난 시절에 가깝게 지냈던 화가들은 물론이고, 박수근•, 천경자 같은 화가들과도 친하게 지내며 해마다 잊지 않고 편지와 연하장을 주고받곤 했다.

이외에도 순우가 '백 년에 한 번 나올까 말까 한 건축가'라고 칭송했던 건축가 김수근•과도 인연이 깊었다. 김수근은 순우가 말년을 보낸 성북동 집(지금의 최순우 옛집)을 소개한 인물이기도 하다.

'한국적이라는 것은 무엇인가' 하는 문제로 진지하게 고민하던 김수근은 1970년대 초반, 우리 전통문화에 대해 배우기 위해 당시 국립중앙박물관장이던 순우와 함께 전국을 누비기 시작했다. 순우는 오래된 건축물과 사찰 등에 대해 자세하게 설명하기보다, 길잡이 역할만 해 주었다.

"스스로 보고 느끼고 깨달아야 진정 내 것이 되는 법일세."

미석 박수근(1914~1965) • 어렵고 고단한 시절을 힘겹게 살다 간 한국의 대표적인 서양화가이다. 가난 속에서도 착하게 살아간 서민들의 삶을 화폭에 담아 '민족의 화가', '서민의 화가'로 불린다.
김수근(1931~1986) • 공간 사옥과 샘터 사옥, 아르코 문예회관 대극장과 미술관 등 한국적인 벽돌 건축물로 대표되는 현대 건축가이다. 일본 도쿄 대학교에서 공부한 뒤 돌아와 건축가로서 또 교육자로서 활발히 활동했다. 종합 예술지인 월간 《공간(空間)》의 창간자이기도 하다.

순우의 배려대로 김수근은 전통 한옥과 초가지붕의 선, 대청마루의 아름다움에 깊은 감동을 받게 되었고, 이때 탐구한 한국 전통의 공간 개념은 훗날 그만의 건축물을 만드는 데에 큰 도움이 되었다.

덧붙이는 이야기

편지를 통해 주고받은 우정

여러 예술가들의 손 글씨와 그림이 담긴 편지를 통해 혜곡 최순우 선생의 멋스럽고 정 깊은 인간관계를 엿볼 수 있어요.

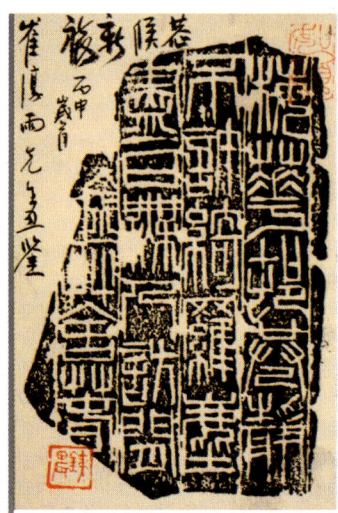

철농 이기우 선생(1921~1993)이 1956년 보낸 연하장이에요. 서예가이자 전각가인 이기우 선생은 쇠로 농사짓고 먹으로 밭을 간다는 뜻의 '철농묵경'에서 호를 따왔어요.

1971년 12월 16일, 미국에 머물던 수화 김환기 화가가 보낸 편지예요.

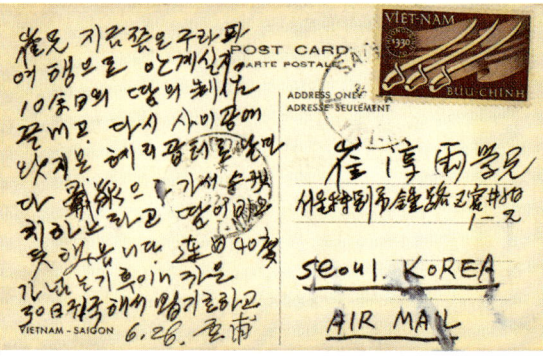

베트남에 머물던 운보 김기창 화가가 보낸 편지예요.

미석 박수근 화가가 보낸 연하장이에요. 큰 글씨는 '공하신희' 새해를 축하하며 복을 비는 인사말이고요, 작은 글씨는 '신춘원단' 새해 아침이라는 뜻이에요.

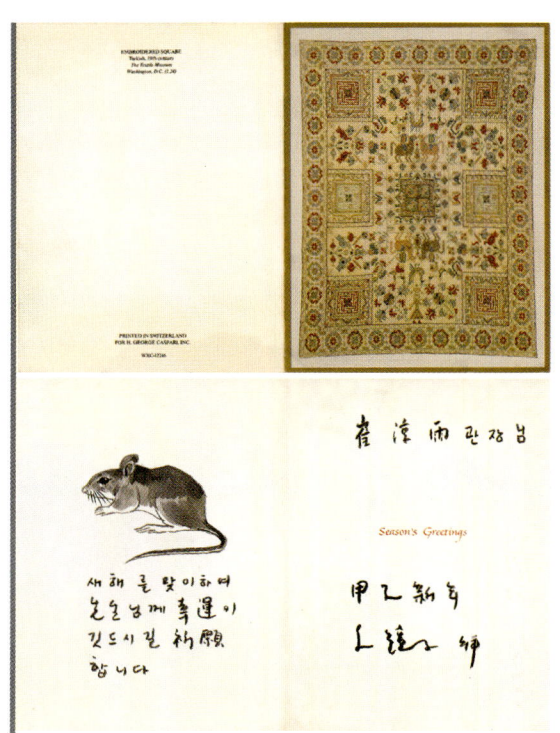

천경자 화가가 1984년에 보낸 연하장이에요. '갑자신년' 쥐띠 해에 걸맞은 그림을 그려 보냈어요.

변종하(1926~2000) 화가가 보낸 연하장(왼쪽 1974년, 오른쪽 1975년)이에요. 변종하 화가는 한국적 이미지를 새롭게 탐구하는 작가로 알려진 서양화가로, 혜곡 최순우 선생과 함께 홍대에서 강의하며 친분을 쌓았어요.

3장
우리 문화유산의 아름다움을 알리다

글로써 알린 우리 고미술의 아름다움

　1954년 1월, 순우는 국립박물관 보급 과장에 임명되었다. 보급 과장의 임무는 전시회나 글, 강연을 통해서 국민에게 우리 고미술의 가치와 소중함을 널리 알리는 일이었다.

　순우는 이 무렵부터 간송 전형필의 집과 보화각을 오가며 고미술품의 정리를 도왔다. 그러다 보니 고미술품에 대한 감식안이 날로 높아졌다. 그것은 사람들에게 우리 미술의 가치를 제대로 알리기 위해 갖추어야 할 자질이기도 했다.

　순우는 도자기나 회화, 건축, 공예처럼 사람의 손으로 만들어진 작품뿐만 아니라 우리나라 자연의 아름다움도 사랑했다. 그래서 건축물도 자연과 조화를 잘 이루는지를 가장 중요한 미적 요소로 생각했다. 그런 생각이 잘 드러나 있는 것이 부석사 무량수전●을 보고 쓴 글이다.

나는 무량수전 배흘림기둥에 기대서서 사무치는 고마움으로 이 아름다움의 뜻을 몇 번이고 자문자답했다. 무량수전을 동편 언덕에 올라서 바라보고, 석축 가까이에서 바라보고, 또 멀리 물러서서 바라보면서 나는 이 값진 아름다움과 이 시각의 행복을 그 누구와 나누고만 싶었다. ······

무량수전 앞 안양문에 올라앉아 아득한 먼 산을 바라보면, 산 뒤에 또 산, 그 뒤에 또 능선, 눈길이 끝 가는 데까지 그림보다 더 곱게 겹쳐진 능선들이 모두 이 무량수전을 위해서 마련된 듯도 싶어진다.

이 대자연 속에 이렇게 아늑하고도 눈맛이 시원한 시야를 터 줄 줄 아는 한국인, 높지도 얕지도 않은 이 자리에 점지해서 자연의 아름다움을 한층 그윽하게 빛내 주고, 부처님의 믿음을 한층 숭엄한 아름다움으로 이끌어 줄 수 있었던 뛰어난 안목의 소유자, 그 한국인. ······

이 무량수전 앞에서부터 당간지주가 서 있는 절 밖에 이르는 넓은 터전을 여러 층 단으로 닦으면서 그 마무리로 쌓아진 긴 석축들이 각기 다른 각도에서 이루어진 것은 아마도 먼 안산들이 지니는 겹겹 능선의 각도와 조화시키기 위한 풍수사상에서 계산된 평면 계획이었을 수도 있다고 한,

---

무량수전 • 국보 제18호. 경상북도 영주시 부석면 북지리 부석사에 있는 고려 시대 건물로, 부처님을 모신 곳이다.

어느 지식인의 풀이는 그 수수께끼 같은 색다른 평면 계획의 참뜻을 가리는 데 하나의 신기한 새 의견일 수도 있을 것 같다.

  이 석축들의 마름새와 짜임새를 바라보고 있으면 신라 사람들이나 고려 사람들이 지녔던 자연과 건조물의 조화에 대한 생각을 알 수 있을 것 같고, 그것은 자연에 거역하지 않는 순리의 아름다움이라고 이름 지을 수 있을 것 같다.

–〈부석사에서 쓴 편지〉, 월간《샘터》1977년 11월호

우리 문화를 사랑하는 마음과 해박한 지식을 바탕으로 한 순우의 글은 많은 사람에게 감동을 주었다. 특히 이 글은 지금까지 많은 사랑을 받고 있는 책,《무량수전 배흘림기둥에 기대서서》에 실리기도 했다.

이외에도 순우는 평생 펜을 놓지 않고 한 달에 약 두 편꼴로 글을 써 발표했다. 그렇게 발표된 글이 총 600편을 넘는다고 하니, 우리 문화재를 알리는 데 들인 노력을 짐작할 만하다.

우리 문화재의 해외 나들이

1957년, 미국의 요청으로 미국 내 여덟 개 도시에서 우리나라 고미술품을 순회 전시하기로 결정이 났다. 해외 순회 전시는 1947년 무렵 처음 말이 나왔으나, 한국 전쟁으로 흐지부지되었던 터였다.

휴전이 되고도 4년이 지나서야 결정이 난 것은 우리의 귀중한 문화재를 해외로 내보내는 일이 그만큼 까다롭기 때문이었다. 전시 품목 결정부터 운송 계획까지 만반의 준비가 필요했다. 또 미국의 주요 박물관은 적어도 2, 3년 전부터 전시 계획을 확정하기 때문에 더욱 시간이 지체됐다.

김재원 관장은 우리 문화재를 해외로 호송하고 전시하는 실무 전반을 책임질 사람으로 순우를 꼽았다.

"이번 일은 우리나라의 고미술품에 대해 잘 알고, 전시품 진열에도 많은 경험을 쌓은 최 과장이 맡아 주어야겠습니다."

순우에 대한 김 관장의 믿음은 당연한 것이었다.

미국 전시에 갖고 나갈 품목은 금관을 포함한 금속 공예 18점, 불상 26점, 기와 7점, 회화 35점, 도자기 109점으로 다른 것보다 도자기가 압도적으로 많았다. 그런데 순우로 말하면 다른 품목에 대해서도 물론 잘 알지만, 특히 도자기에 대한 전문 지식은 박물관 내에 따라올 사람이 없는 터였다.

"알겠습니다. 제힘껏 잘해 보겠습니다."

순우의 가슴이 잔잔히 물결쳤다.

안 그래도 자식처럼 아끼고 보살피던 박물관 소장품을 멀리 해외로 내보내는 일이 마치 어린아이를 물가에 보내는 것처럼 마음이 안 놓이던 참이었다. 게다가 드디어 우리나라도 유구한 문화유산을 간직한 문화 민족이라는 사실을 세계에 알릴 기회가 왔다는 것이 한없이 기쁘고 자랑스러웠다.

한국 전쟁이 나기 전까지 우리나라는 세계적으로 잘 알려진 나라가 아니었다. 특히 서양 사람들에게는 막연히 중국이나 일본의 일부로 생각되기도 했다. 그러다 보니 우리 민족 고유의 문화도 중국이나 일본에 비해 뒤떨어진다고 여겨지기 일쑤였다.

한국 전쟁은 그러한 잘못된 인식을 더욱 커지게 만들었다. 유엔군이 참전하면서 전쟁 상황이 신문과 방송을 통해 전 세계에 퍼져 나갔는데,

그때 뉴스에 비친 우리나라의 모습은 처참했다. 폭격으로 파괴되고 황폐해진 도시, 헐벗고 굶주린 채 헤매는 피난민, 도움의 손길을 기다리는 고아 천지였기 때문이다.

우리 문화재의 해외 전시는 그동안 세계에 비친 한국의 인상을 바꿀 수 있는 계기가 될 터였다.

문화재를 해외에 내보내기 위해서는 포장과 운송 방법도 연구하지 않으면 안 되었다. 도자기는 잘못 다루어 깨지지 않도록, 크기가 큰 불상은 신체의 어느 한 부분도 손상되지 않도록 포장하는 것이 중요했다. 그래서 미국에서 전문가를 데려오기까지 했다.

일단 전시품 하나하나를 정성 들여 포장해 나무 상자에 넣고, 상자를 다시 네댓 개씩 모아 컨테이너에 넣었다. 그렇게 쌓인 컨테이너가 전부 열다섯 개였다. 운송에는 미군의 해군 함정이 동원되었다.

미국에서 열린 첫 번째 전시는 1957년 12월 14일부터 다음해 1월 12일까지 워싱턴 국립미술관에서 열렸다. 워싱턴 국립미술관 측은 1층 전시장에 우리 문화재를 전시하기에 알맞은 진열장과 조명 시설을 새로 마련해 주었다. 순우는 200점에 가까운 전시품을 들고 이리저리 배열하며 전시장 안을 누볐다. 전시품을 어떻게 진열할지, 조명은 어떻게 달지, 우리 문화재가 더욱 돋보일 수 있도록 끊임없이 고민했다. 고되고 까다로운 작업이었지만 순우는 힘든 줄 몰랐다.

전시 둘째 날인 12월 15일, 《워싱턴 포스트》에는 김재원 관장이 금

한국 국보 전시회가 열린 시애틀 박물관 전시실에서 김원룡, 진홍섭과 함께 찍은 사진이다. 가운데가 최순우이다.

동미륵보살반가사유상(국보 제78호) 앞에서 표주박 모양의 고려청자 물병(국보 제116호, 청자상감모란문표형병)을 들고 있는 사진이 크게 실렸다. 또 《뉴욕 타임스》에 신라 시대의 기마인물형토기(국보 제91호), 금관총 금관(국보 제87호), 순금여래입상, 신윤복의 풍속도(국보 제135호) 등 유물 여섯 점의 사진과 함께 한국 전쟁 때 박물관 직원들이 소장품을 부산으로 옮기던 이야기가 자세히 나왔다. 그 외의 미국 내 주요 일간지들도 우리 문화재 전시 기사를 며칠 동안이나 주의 깊게 다루었다. 그만큼 〈한국 국보 전시회〉에 대한 미국의 관심은 뜨거웠다.

미국에서의 우리 문화재 순회 전시는 세계적인 관심 속에 워싱턴에서 뉴욕으로, 또 보스턴에서 시애틀로, 뒤이어 미니애폴리스, 샌프란시스코, 로스앤젤레스, 호놀룰루에서 차례로 열렸고 문화재는 1959년 늦은 봄에야 서울로 돌아왔다.

유럽의 대표적인 박물관에서도 전시 요청이 쏟아졌다. 1960년 10월, 김재원 박물관장은 프랑스 파리의 세르누치박물관에서 열린 유럽 박물관장 회의에 참석했다. 이때 토의한 결과, 1961년 3월부터 영국의 런던을 시작으로 유럽의 5개국에서 차례로 전시하기로 결정되었다.

유럽 순회 전시

1961년 3월 23일, 런던의 빅토리아앨버트박물관에서 우리 문화재의 첫 유럽 전시가 시작되었다.

김재원 관장과 순우 그리고 이번 유럽 순회 전시부터 동행하게 된 젊은 직원 김정기는 문화재를 실은 배가 항구에 도착하자마자 깜짝 놀라고 말았다. 영국의 여러 신문사와 방송국의 기자들이 미리 진을 치고 순우 일행을 기다리고 있었던 것이다. 전시회가 열리던 날에는 그 몇 배나 되는 기자들이 몰려와서 취재에 열을 올렸다.

하루 종일 밀려드는 관람객과 기자를 응대하느라 정신없었던 세 사람은 저녁이 되자 전시장 문이 닫히기 무섭게 거리로 뛰쳐나갔다. 해질 무렵이었다. 세 사람은 저녁 먹을 생각도 잠시 미루고, 가판대에 달려가 눈에 띄는 대로 그날치 신문을 한 부씩 샀다.

김재원 관장과 순우 그리고 김정기는 막 불이 들어오기 시작한 가로등 밑에서 신문을 펼쳤다. 영국의 3대 일간지로 손꼽히는 《런던 타임스》와 《맨체스터 가디언》, 《데일리 텔레그래프》는 물론 주요 신문에서 한국에서 온 고미술품 전시에 대해 대서특필하고 있었다. 어두운 거리에서 남의 나라 글자로 쓰인 기사를 구석구석 다 읽어 낼 수는 없었지만 대충 훑어보아도 호의적인 내용인 걸 알 수 있었다.

"역시 영국은 오랜 역사와 전통을 가진 나라답게 우리 문화재의 가치를 알아보는군."

순우를 바라보는 김 관장의 목소리가 가늘게 떨렸다.

"이제는 우리나라 문화재도 세계 어느 곳에서나 정당한 대접을 받게 되겠지요?"

순우가 들뜬 목소리로 말했다. 옆에서는 김정기가 말없이 신문을 가슴에 안은 채 웃고 있었다.

'쪼로롱 쪼로롱'

귓전에 울리는 맑은 새소리가 순우의 잠을 깨웠다.

숲으로 둘러싸인 네덜란드 헤이그 시내의 주택가에서 봄 한철을 나고 있었다. 런던 전시가 한 달 보름 만에 끝이 나고, 6월 중순부터 이곳 헤이그에서 두 달간 전시가 예정되어 있었다.

순우는 옆방에 묵고 있는 김정기와 함께 아침을 먹고 거리로 나섰다.

아직 이른 시간인데도 거리에는 벌써 청어 절임 장수의 손수레가 눈에 띄었다.

네덜란드 어장은 5월에 청어잡이가 시작되고, 그해 첫 조업으로 잡은 청어를 먼저 여왕에게 올린 뒤에 비로소 거리에서 팔 수 있었다. 네덜란드 사람들은 청어를 날것으로 식초에 절인 음식을 자기네 나라 전통의 맛이라 자부하며 즐겨 먹었다. 5, 6월 거리에 청어 절임을 차곡차곡 쌓아 올린 수레가 나타나면, 점잖은 신사 숙녀 들까지 달려들어 한 뼘 크기의 청어 꼬리를 잡고 머리 쪽부터 잘근잘근 씹어 먹었다. 그 모습이 순우 같은 이방인의 눈에는 무척 신기해 보였다.

처음에는 비리기로 유명한 청어를 어떻게 날것으로 먹는가 싶었는데, 어쩌다 한 번 먹어 본 순우도 그 맛에 반하고 말았다. 식초에 절였기 때문인지 하나도 비리지 않았고, 절로 입맛이 돌았다. 청어 절임을 먹을 때는 으레 피클을 곁들이기 마련이었는데, 네덜란드 식초 맛이 꼭 순우의 어머니가 손수 만든 고향의 초와도 비슷해 더욱 정감이 갔다. 안 그래도 고미술품 해외 순회 전시로 몇 년 동안 외국에서 생활하고 있는 순우는 고향을 생각나게 하는 그 맛 때문에, 길가에 청어 절임을 파는 수레만 보이면 저절로 발길이 갔다. 그러다 보니 김정기까지 청어 절임을 좋아하게 되어서 함께 길을 가다가 청어 절임 수레를 발견하면 누가 먼저랄 것 없이 그 앞에 발을 멈추곤 했다.

"저 사람들은 아침도 안 먹고 나왔나? 벌써부터 수레 앞에 줄을 섰으니……."

김정기가 입맛을 다시며 중얼거렸다. 순우도 코끝에 절인 청어의 새콤하고도 고소한 냄새가 풍겨 오자 입에 절로 침이 고였다. 급기야 김정기의 목에서 꼴까닥하고 침 넘어가는 소리가 나는 바람에 순우가 소리 내어 웃으며 말했다.

"자네도 저 뒤에 가서 줄을 서고 싶은 마음이 굴뚝같겠지? 하지만 오늘만은 안 되네. 중요한 일을 앞둔 사람들이 점잖지 못하게 아침부터 생선 꼬랑지를 치켜들고 입을 벌릴 수는 없지 않겠나?"

"지당하신 말씀입니다. 저는 추호도 그럴 생각이 없는데, 몸이 따라 주지 않네요. 하하."

김정기가 싱글거리며 대꾸했다.

두 사람은 전시회가 열릴 예정인 헤이그 시립박물관 근처에 숙소를 잡은 김재원 관장을 찾아가는 길이었다. 오늘은 헤이그 전시가 시작되는 날이었고, 그에 앞서 이준• 열사의 무덤을 참배할 예정이었다.

김재원 관장과 순우, 김정기 세 사람은 물론 네덜란드에서 유학 중인 우리 동포 유학생 수십 명까지 동참하여 이준 열사의 묘를 참배했다.

이준(1859~1907) • 조선 말기의 순국열사이다. 1907년 체결된 을사조약이 일제의 강압에 의한 것임을 세계에 알리기 위해 이상설, 이위종 등과 함께 네덜란드에서 열린 헤이그 만국 평화 회의에 특사로 파견되었다. 하지만 일제의 압력과 방해로 결국 목적을 이루지 못한 채 갑작스러운 죽음을 맞았다. 이준 열사의 유해는 1963년 한국으로 옮겨져 국민장을 치르고 서울시 강북구 수유동에 안장되었다.

그 자리에는 네덜란드의 신문 기자까지 취재를 와서, 그날 석간신문에는 기사와 함께 대형 태극기와 화환이 덮인 이준 열사의 무덤 사진이 실렸다.

전시회가 시작되고 두 달 동안 헤이그 시에서 나오는 신문에 우리 문화재 전시에 대한 기사가 나지 않은 날이 없었다. 유럽 5개국에서 열린 순회 전시회 가운데 가장 많은 횟수의 보도와 가장 많은 지면을 제공할 정도로 네덜란드의 반응은 뜨거웠다.

그런데 헤이그에서 전시회를 하고 있던 도중에 뜻하지 않은 일이 발생했다. 바로 5·16 군사 정변*이 일어난 것이다. 김재원 관장이 급하게 귀국을 해 버리자, 남은 전시회 일정에 대한 순우의 책임이 더욱 무거워졌다.

5·16 군사 정변 • 1961년 5월 16일 박정희 전 대통령의 주도로 육군사관학교 8기생 출신 군인들이 정권을 장악한 일을 말한다.

파리의 하늘 아래 서린 슬픔

다음 전시회는 프랑스 파리에서 예정되어 있었다.

순우 일행이 파리에 도착한 것은 8월 23일이었지만, 더운 여름을 피해 늦가을에 전시회를 열기로 결정되었다. 순우는 예술과 문화의 도시 파리에서 견문을 넓힐 수 있는 기회로 삼고 부지런히 도서관과 박물관을 드나들기 시작했다.

파리 전시는 11월 25일부터 다음해 1월 말까지였다.

전시회 장소인 세르누치박물관은 날마다 초만원이었는데 특히 화가와 시인, 평론가들의 큰 관심을 받았다. 그중에서도 프랑스의 문화부 장관인 앙드레 말로•는 금동미륵보살반가사유상을 오롯이 감상하기

앙드레 말로(1901~1976) • 프랑스를 대표하는 소설가이자, 해박한 예술 비평가이다. 젊은 시절 인도, 중국 등을 탐험하면서 동양의 불교에 관심을 가지게 됐다.

금동미륵보살반가사유상(국보 제83호).
높이가 93.5cm이며, 삼국 시대 7세기에 만든 것으로 추정된다.

위해 일부러 관람자가 드문 저녁에 와서 그 앞에 두 시간이나 머물면서 '세계에서 가장 아름다운 불상'이라는 감상평을 남겼다.

파리의 거리마다 송시열 선생의 초상화(국보 제239호)가 인쇄된 어마어마하게 큰 포스터가 걸리고 지하철 안에는 태극기로 장식된 포스터가 붙자 파리에 사는 우리 동포들은 눈물을 흘리며 감격스러워했다.

1962년 2월 어느 날이었다. 잔뜩 찌푸린 파리의 회색 하늘 아래 흰 눈발이 점점이 흩날리고 있었다. 다음 전시회가 열릴 독일의 프랑크푸르트로 떠날 채비를 하던 순우에게 서울의 한 친구가 편지를 보내왔다. 간송 전형필이 1월 26일 세상을 떠났다는 비보였다. 순우는 거리로 뛰쳐나가 진눈깨비 날리는 몽소 공원의 젖은 낙엽을 밟으면서 하염없이 눈물을 흘렸다.

순우가 유럽 전시를 위해 떠나던 날이었다. 공항으로 가는 차 안에서 간송이 순우의 허름한 시계를 보고는 자신의 값비싼 시계와 바꾸어 주었다. 순우가 한사코 사양하자, 간송은 자신이 찼던 시계를 풀어 순우의 손목에 채워 줬다.

"중요한 일하러 해외에 나가는 사람인데, 시간 잘 맞고 성능 좋은 시계를 차야지. 낡은 걸 차고 다니다가 고장이라도 나면 낭패 아닌가?"

그날이 두 사람의 마지막이었다.

순우는 간송이 준 시계를 내려다보며 감회에 젖었다.

'어쩌면 간송 선생님은 마지막을 예감하며 이 시계를 선물하신 게 아

닐까?'

 간송의 서재에는 '벽오동관'이라 적힌 편액이 걸려 있었다. 하지만 막상 집에는 벽오동이 없어, 순우는 내심 아쉽게 여기고 있었다.

 유럽으로 떠나기 전 어느 이른 봄날, 순우는 미끈한 벽오동 묘목을 구해서 손수 간송의 서재 앞뜰에 심어 놓고 왔다. 다음 해 봄, 간송은 헤이그에 머물고 있던 순우에게 그 벽오동이 자라서 탐스러운 잎이 우거졌다는 내용을 담은 편지를 한 장 보내왔다. 편지를 읽은 순우는 벽오동이 크게 자라 '벽오동관' 편액과 서로 어우러지는 모습을 상상하며 기뻐했었다. 하지만 싱싱하게 자라는 벽오동과 달리 간송의 건강은 점점 나빠지고 있었다니…….

 간송과 순우는 수석을 모으는 취미도 같았다. 그래서 순우는 해외에 머물고 있을 때도 보기 좋은 돌이 눈에 띄면 하나씩 가져다 모아 놓곤 했다. 거기에는 간송과 순우, 두 사람만의 잊지 못할 추억도 있다.

 해외 전시를 시작하기 전, 볼일이 있어 경주에 들렀던 순우는 한 아주머니가 파는 화강석 조각을 사 왔다. 삼각형 모양으로 깨진 돌조각이었는데, 이끼가 보기 좋게 자라 있었고 한쪽 면에는 보살상이 새겨져 있었다. 순우는 그 돌조각을 이끼가 잘 자라도록 수반에 앉혀서 박물관 사무실 책상 위에 놓아두고 아침저녁으로 흐뭇하게 바라보곤 했다.

 하루는 간송이 사무실에 놀러 왔다가 돌조각을 보고 말했다.

 "혜곡, 이거 날 주게."

"에이, 천하의 간송 선생께서 한낱 돌조각에 욕심을 부리시다니요."

순우는 농담이라 생각하며 그냥 웃어넘겼다. 그런데 얼마 안 있어 돌조각이 감쪽같이 없어져 버렸다.

며칠 후, 간송이 꼭 보여 줄 것이 있다면서 순우를 집으로 초대했다.

순우가 찾아가니 간송은 반갑게 맞아들여 담소를 나누다가, 집 안 한쪽으로 데려가 석조물을 하나 보여 주었다. 그런데 순우의 사무실에서 감쪽같이 사라졌던 돌조각이 제자리를 찾은 듯 그 석조물 한 귀퉁이에 올라앉아 있는 것이었다. 신기해하는 순우에게 간송이 너털웃음을 터뜨리며 말했다.

"자네, 이래도 이 돌조각을 내게 안 주겠나?"

알고 보니, 간송이 몇 년 전 경주의 고물상에서 귀퉁이 한쪽이 떨어져 나간 석조물을 사 두었는데, 그 파편을 순우가 뒤늦게 다른 데에서 사 왔던 것이다.

두 개의 돌이 만나 하나의 아름다운 석조 예술품을 이루었듯이 간송과 순우의 만남도 떼려야 뗄 수 없는 인연이었나 보다.

그러나 그 인연은 너무도 짧았다. 순우는 간송에게 선물하기 위해 모아 놓았던 수석들을 끌어안고 슬픔을 달랠 뿐이었다.

독일 프랑크푸르트와 유럽 순회 전시의 마지막 일정이었던 오스트리아 빈 전시를 끝내고 귀국 길에 오른 순우는 미술 이론을 전공하는 빈 대학의 한 교수가 쓴 기사를 읽게 되었다.

내가 본 한국 미술은 찬란하다기보다는 겸허의 아름다움이며 다채롭다기보다는 간소미가 그 특색인 듯하다. 정적(靜寂)의 아름다움이라고나 할까, 형언하기 어려운 야릇한 매력이 한국 미술 위에 흐르고 있다. 기교를 넘어선 소박한 아름다움이 거친 느낌을 주기도 하지만 아마도 한국 미술의 좋은 작품들은 이렇게 소박한 멋이 곁들여지는 것이 특색이라고 느껴진다. 이러한 미의 방향은 오늘날 서구적인 현대미의 방향과 그 감각이 그다지 먼 거리에 있지 않다.

'과연 훌륭한 예술품은 세계 어느 나라 사람에게나 비슷한 감명을 주는구나.'
신문 기사의 내용은 평소 순우가 생각하던 바와도 통하는 면이 있었다.
유럽 순회 전시를 모두 마친 우리의 문화재는 7월 9일에 오스트리아를 떠나 독일을 거쳐 네덜란드의 암스테르담 항구까지 기차로 수송되었다. 여기에서 다시 런던까지는 네덜란드 기선

으로 수송했고, 런던에서 싱가포르를 경유하여 홍콩까지는 영국 해군 함정으로 수송했다. 또 홍콩에서부터는 미국의 해군 함정이 담당하여 1962년 10월 20일 진해항에 도착했으니, 빈에서 진해까지 오는 데만 꼬박 석 달 보름이 걸린 셈이었다.

1960년 11월 15일에 시작한 23개월간의 유럽 순회 전시 대장정은 이렇게 마무리되었다.

백자달항아리(보물 제1437호).
높이가 41cm이며, 조선 시대 17세기에 만들어졌다. 해외 순회 전시에서도 많은 관심을 받았지만,
1963년 4월, 조선 시대 가마터가 발굴된 것을 기념하는 〈조선 백자 특별 전시회〉에서도 큰 사랑을 받았다.

덧붙이는 이야기

해외 전시 포스터

세계의 감탄과 찬사를 받은 우리 문화재의 해외 순회 전시를 통해, 한국의 위상도 높아졌어요. 해외 순회 전시의 중심에는 언제나 혜곡 최순우 선생의 숨은 노력이 있었지요.

유럽 순회 전시를 처음 시작했던 영국 런던의 빅토리아앨버트 박물관의 〈한국 국보 전시회〉 포스터예요. 1961년 3월에 시작해 5월까지 진행된 이 전시회에는 약 15,000명의 관람객이 찾아왔다고 해요.

1976년 2월부터 7월까지 일본에서 열린 〈한국 미술 5000년전〉 순회 전시 포스터예요.

1979년 5월부터 1981년 9월까지 미국에서 열린 〈한국 미술 5000년전〉 순회 전시 포스터예요.

1983년 8월부터 12월까지 일본에서 열린 〈한국 고대 문화전〉 순회 전시 포스터예요. 찬란했던 신라 시대의 천년 유물을 일본에 처음 소개한 뜻깊은 자리였어요.

1984년 독일 함부르크에서 열린 〈한국 미술 5000년전〉 순회 전시 포스터예요.

4장
전통을 아는 것은 곧 나 자신을 아는 것이다

금곡리 가마터 발굴

"비가 개는군요."

학예사 이준구●가 한 손으로 챙을 만들어 이마에 붙이고 하늘을 올려다보았다.

검은 구름이 무등산 산마루에 한바탕 소나기를 퍼붓더니, 어느새 거짓말처럼 파랗게 갠 하늘에 흰 구름이 뭉게뭉게 피어올랐다.

"자, 불어난 개울물에 다시 분청사기 조각이나 씻으러 갑시다."

순우가 앞으로 나서자 정양모●와 이준구가 말없이 뒤를 따랐다.

무등산 중턱의 대나무 숲 속에서 쏟아지는 빗줄기를 온몸으로 맞은

이준구 ● 국립중앙박물관 전 학예연구관으로, 최순우와 37년간 함께 근무했다.
소불 정양모(1934~) ● 제6대 국립중앙박물관장을 지낸 미술사학자로, 한국 전쟁 때 납북된 위당 정인보(1893~미상) 선생의 막내아들이기도 하다. 위당 정인보 선생은 일제 강점기의 한학자이자, 역사학자, 교육자로 민족정기를 고취시킨 애국자였다.

　세 사람은 영락없이 물에 빠진 생쥐 꼴이었다. 그래도 오뉴월 뙤약볕 아래 땀범벅이 되어 온종일 발굴 작업을 하다 보면 지나가는 소나기가 오히려 반가울 때가 많았다.

　1963년 6월, 순우는 국립박물관 발굴 조사 팀 단장이 되어 전라남도 광주에 위치한 무등산 골짜기 금곡리 가마터에 와 있었다. 1929년 조선총독부박물관의 계룡산 도요지 발굴 이후, 첫 번째 발굴 작업이었다. 유럽 순회 전시를 마치고 돌아온 지 얼마 지나지 않아, 순우는 또다시 박물관 주요 사업의 책임자가 된 것이다.

　무등산 기슭 여기저기에 흩어져 있는 금곡리 가마터는 《세종실록지리지》•에도 그 일부가 실려 있고, 일제 강점기에는 학자들 사이에서도 잘 알려진 곳이었지만 본격적으로 조사와 발굴이 이루어진 적은 없었다.

"거, 약에도 못 쓸 사기 조각은 뭣에 쓸라고 날마다 파낸데요?"

계곡물에 몸을 숙이고 도자기 파편들을 씻는 데 열중하던 세 사람은 갑작스러운 소리에 놀라 고개를 들었다. 산 중턱에 자리 잡은 수박 밭이라도 둘러보러 온 것인지 베잠방이 차림의 청년이 곡괭이 자루에 몸을 기대고 싱그레 웃고 있었다.

한 달가량 발굴 작업을 하면서 오가는 사람들한테 한두 번 들어 본

《세종실록지리지》 • 15세기 조선 시대의 경제·사회·군사·재정·교통·산업·지방 제도 등을 자세하게 기록하고 있는 전국 지리지이다.

말이 아니었던 터라, 순우는 웃으며 농담을 던졌다.

"약에도 못 쓰다니요? 이걸 곱게 갈면 고약 원료로 최고랍니다."

그러자 청년의 눈이 대번에 둥그레졌다.

"이런 것이 고약 원료라고라? 그라믄 선상님들은 이걸 팔아서 떼돈을 벌어 부렀겠네요!"

청년의 순박한 말에 세 사람은 그만 웃음보가 터지고 말았다. 그제야 청년은 그럼 그렇지 하는 표정으로 싱겁게 따라 웃었다.

"에이, 점잖은 분덜이 사람을 놀리면 못쓰지라."

순우가 미안한 마음에 웃음기를 거두고 말했다.

"사실 우리는 이 사기 조각을 가져다가 우리 문화재에 대해 공부하는 사람들입니다."

그러자 청년은 더욱 알 수 없다는 얼굴로 고개를 갸우뚱하며 산을 내려갔다.

청년의 뒷모습을 바라보던 정양모가 웃음기가 채 가시지 않은 얼굴로 말했다.

"최 과장님 정말 짓궂으십니다."

순우는 대답 없이 빙그레 웃어 보이며 몇 십 년 전 일을 떠올렸다.

순우가 개성 부립박물관에서 서울 국립박물관으로 옮겨온 뒤, 박물관 조사 팀과 함께 개성에 있는 흥왕사 절터를 조사할 때였다. 경의선 봉동 역에서 서남쪽으로 한 10리쯤 걸으면 나오는 수만 평 되는 넓은 골짜기가 온통 절터였는데, 그 초입에 작은 마을이 있었다.

마을 사람들은 앞다투어 절터에 남아 있는 주춧돌이나 탑을 깨어다가 자기 집 구들장을 놓거나 담을 쌓는 데 쓰고 있었다. 아마도 들판에 버려진 주인 없는 돌덩이는 먼저 집어다 쓰는 사람이 임자라고 생각했을 터였다. 마을 사람들의 눈에는 아무짝에도 쓸모없는 사기 조각과 기왓장 부스러기를 주어다가 소중하게 싸 짊어지고 가는 박물관 사람들이 도리어 우스웠을 것이다. 그것을 수습해 가 연구해서 박물관에 전시도 하고 책도 낸다는 생각은 꿈에도 하지 못했을 터였다.

'조금 전의 그 청년도 개성의 마을 사람들과 비슷한 생각을 하고 있을지도 모르지…….'

순우는 다시금 마음을 다잡았다. 더욱더 부지런히 발굴하고, 연구하고, 또 알려야 했다.

발굴이 끝난 금곡리 가마터에서는 주목할 만한 15, 16세기 무렵의 연구 자료들이 쏟아져 나왔다. 금곡 마을을 중심으로 무등산 기슭에서만 가마터가 여덟 군데 확인되었는데, 생산 규모나 출토된 자료들로 미루어 볼 때 그 일대는 나주·담양·광주뿐 아니라 중앙 관청의 관수품(관청에 납품하는 물건)까지 생산하던, 호남에서 가장 큰 가마터였음을 알 수 있었다.

또 금곡리 가마터에서 여러 종류의 조선 시대 분청자기를 생산했다는 사실을 알 수 있었는데, 특히 풍부한 명문(쇠나 돌 혹은 도자기에 새겨 놓은 글) 자료들은 앞으로 분청자기의 연구에 큰 밑천이 될 터였다. 더구나 만든 도공의 이름이 새겨져 있는 그릇은 여태까지 본 적이 없던 터라 발굴 조사 팀을 더욱 놀라게 했다.

그 뒤로도 순우가 이끄는 국립박물관 발굴 조사 팀은 꾸준히 활동을 이어갔다. 금곡리 가마터 외에 호남 일대의 도요지를 두루 답사하였고, 1964년 1월에는 서울의 북한산 골짜기에 파묻혀 있던 대지국사비●를 찾아냈다. 같은 해 가을에는 농가 마당으로 변해 버린 전라남도 강진군의 고려청자 가마터에서 청자 조각을 사과 궤짝으로 하나 가득 발굴해 내기도 했다. 이때 청자 기와가 발견되면서 그동안 문헌으로만 전해지던 화려한 청자 기와집이 실제로 존재했다는 사실이 확인되었다.

대지국사비 ● 고려 시대 삼천사 대지국사 법경의 비석을 말한다. 삼천사의 주지가 대지국사 법경 스님이었고, 비석의 높이는 약 3m가량이었을 것으로 추정된다. 당시 수습한 파편은 49조각이었는데, 2005년 서울 역사박물관에서 2년여에 걸쳐 파편 255점을 더 발굴했다.

도마리 가마터에서 나온 청화 백자

강진에서 돌아온 1964년 10월 어느 날이었다. 순우는 한국 고미술에 관심이 많은 외국인 학자들의 부탁을 받아 경기도 광주의 도마리 가마터를 답사하러 갔다.

이 가마터는 일제 강점기부터 잘 알려져 있어서 해방 전에 이미 일본인 연구자들이 조사했다는 기록이 있었다. 그래서인지 마을 길목부터 백자 파편이 자갈처럼 깔려 있어 그 위를 걷는 순우의 가슴을 아리게 하였다.

가마터로 올라가는 길에는 시든 풀이 제멋대로 우거져 발끝에 걸렸다. 행여나 하는 마음으로 발끝에 채는 풀 속을 찬찬히 더듬으며 걷던 순우의 눈빛이 한순간 번쩍 빛났다.

'찾았다!'

첫눈에도 예사롭지 않아 보이는 접시 조각 하나가 풀숲에 몸을 숨기고 있었다.

순우가 슬며시 집어 살펴보니, 생각했던 대로 한시가 쓰인 청화 백자* 접시였다. 짐작건대 조선 시대 초기인 15세기에 만들어진 물건 같았다.

순우는 뛰는 가슴을 억누르며 접시 조각을 윗옷 주머니에 넣고 태연한 얼굴로 뒤를 돌아보았다. 다행히 외국인 학자들은 박물관 직원의 말에 집중하고 있었다. 혹시라도 외국인 학자들이 눈치를 채고 청화 백자에 관심을 보이기 시작하면 어떤 귀찮은 상황이 생길지 모를 일이었다.

서울로 돌아온 순우는 즉시 도마리 가마터 발굴을 계획하고 준비하기 시작해, 11월부터 발굴 작업에 들어갔다. 일단 청화 백자 반쪽이 발견된 부근부터 조심스레 파내려 갔다. 순우의 예상이 맞았다. 땅을 파내는 족족 몇 백 년간 땅속에 파묻혀 있던 도자기 파편이 쏟아져 나왔다. 순우는 발굴 현장 옆에 도자기 파편들을 쌓아 놓고 직원들과 함께 샅샅이 살폈다. 순우의 충혈된 눈자위는 마치 먹이를 노리는 매의 눈처럼 날카로웠다.

땅을 5미터 가량 파내려 갔을 때 마침내 깨어진 청화 백자의 나머지 반쪽이 나타났다. 순우의 눈에서 한 줄기 눈물이 흘러내렸다.

'토막 난 조선 시대의 미술이 500년 동안이나 고이 묻혀 나를 기다리

청화 백자 • 흰 바탕에 푸른 물감으로 그림을 그린 그릇을 말한다.

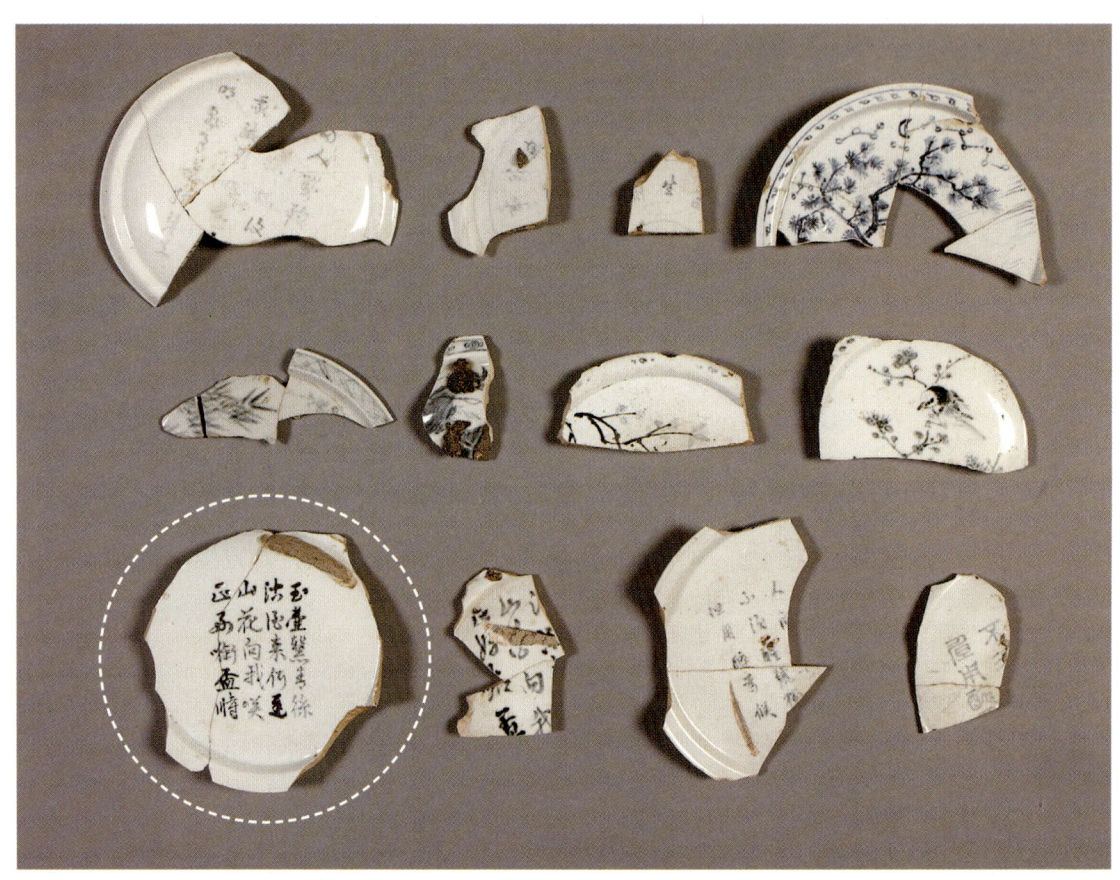

도마리 1호 가마터에서 발견된 청화 백자 접시 조각들이다. 점선 안이 혜곡 최순우 선생이 찾아낸 접시로, 이백의 시 〈대주부지(술 사오기를 지루하게 기다리며)〉가 씌어 있다.

고 있었구나!'

뿐만 아니라, 순우가 처음 풀숲에서 발견한 청화 백자의 반쪽도 일찍이 이곳을 다녀간 일본인 학자나 마을 사람 눈에 띄지 않고 용케 숨어 있었다는 사실이 믿을 수 없어서 기적 같기만 했다.

경기도 광주 도마리 가마터 발굴이 성공하면서 학계에서는 그동안 전혀 알려지지 않았던 청화 백자에 대한 생생한 자료를 확보할 수 있었다.

제4대 국립중앙박물관 박물관장

　1972년 8월, 국립박물관은 국립중앙박물관으로 이름을 바꾸고, 덕수궁 석조전에서 경복궁 안에 새로 지은 건물로 이사했다.
　그로부터 2년 뒤인 1974년 6월 18일, 혜곡 최순우는 국립중앙박물관 박물관장의 자리에 올랐다. 1945년에 개성 부립박물관 직원으로 근무를 시작한 지 29년 만에 김재원, 김원룡, 황수영에 이어 제4대 박물관장이 된 것이었다.
　취임식이 끝나고 축하 인사를 하러 온 사람들과 취재 기자들이 모두 돌아갔다. 최순우는 텅 빈 경복궁 안 박물관장실에서 잠시 혼자 생각에 잠겼다. 박물관장이란 직책을 얻게 된 것에 대해 많은 사람이 축하의 말을 건넸다. 하지만 최순우 자신은 담담한 심경이었다.
　'무엇이 달라졌는가. 나는 그저 지금까지 해 오던 일을 묵묵히 계속

해 나갈 뿐이다.'

그것은 다름 아닌 우리의 문화유산과 전통문화를 아끼고 사랑하며, 더 많은 사람들에게 그 가치와 아름다움을 일깨우는 일이었다.

최순우는 전쟁이 일어났을 때 목숨을 걸고 문화재를 지켰으며, 전국의 유적지와 가마터의 발굴 작업에 앞장섰고, 미술사를 비롯하여 공예·회화·건축 등 전통 예술 전반에 걸쳐 수많은 글을 써 왔다. 그렇게 박물관인으로 지낸 지난 30여 년 동안 최순우는 우리의 전통 예술이 보여 주는 아름다움을 점점 더 사랑하게 되었다.

박물관인으로 30여 년을 지내다 보니, 최순우를 두고 박물관에만 살아서 안목이 좁은 까닭에 우리 것만 최고로 친다고 말하는 사람도 있었다. 하지만 최순우는 1950년대부터 서울에 있는 여러 대학에서 미술사 강연을 하며 고미술과 현대 미술을 연관 지어 이해시키려는 노력을 해 왔다. 또 김환기를 비롯해 현대 화가들이 중심이 되는 한국미술평론인회의에 참여해 1962년부터 3년 동안 2대 대표를 맡기도 했고, 1965년과 1966년에는 한국미술평론가협회 대표를 지내며 초창기 한국 미술 평론 발전에 기여하기도 했다.

또한 최순우는 일찍이 한국 문화재의 해외 전시를 책임지고 몇 년씩 세계 각국의 문화재를 비교 관찰하는 기회를 가졌다. 그런 경험을 통해 우리 문화유산의 우수성을 다시 한번 확인할 수 있었을 뿐, 무조건 한국의 전통미가 최고라고 생각한다는 말은 오해였다.

하지만 그는 사람들이 하는 말에 크게 개의치 않았다. 단지 박물관을 통해 우리 전통문화의 아름다움을 제대로 느끼고 이해할 수 있는 기회를 만들어 주고 싶을 뿐이었다.

언젠가 최순우가 학교에 강의를 나갔을 때였다. 한 학생이 손을 들고 질문을 던졌다.

"교수님, 어떻게 하면 좋은 그림을 그릴 수 있을까요?"

그 물음에 최순우는 이렇게 대답했다.

"학생 눈에 세상의 모든 아름다움과 추함이 보이게 되면, 좋은 그림을 그릴 수 있을 겁니다. 특히 아름다움은 지금 이 순간에도 학생 주변

에 수두룩이 깔려 있는데, 학생은 그것을 밟고도 느끼지 못하고 바라보면서도 의식하지 못하고 있는 듯합니다. 오늘부터 학생 자신과 가장 가까이 있는 아름다움을 찾아내는 일에 힘써 보세요."

　진정한 아름다움을 찾아내는 안목은 자신이 나고, 자라고, 머문 자리를 깊은 애정을 갖고 바라보는 데에서 시작한다. 우리 문화유산에 대한 마음도 이와 같다. 전통을 아는 것은 곧 나 자신을 아는 것이다.

　'나 자신을 잘 아는 사람이 다른 사람에 대한 이해도 빠른 것처럼, 먼저 우리 것의 아름다움을 알아야 세상의 아름다움을 알 수 있다.'

　최순우는 다시금 마음을 다잡으며 스스로를 격려하고 축하했다.

취임식 며칠 후인 6월 27일에는 인천 시립박물관 정문 앞에서 고유섭 선생의 부인과 따님이 참석한 가운데 '우현 고유섭 추모 기념비' 제막식이 거행되었다. 우현 고유섭 선생의 여러 업적을 알리자는 데 뜻을 모은 사람들이 앞장서서 추모비를 세운 것이었다.

최순우는 스승이자 선배 박물관인인 우현 고유섭 선생의 추모비 앞에 술잔을 올리고 절을 했다. 그동안 스승의 가르침대로 한눈 한번 팔지 않고 외길을 걸어왔다고 생각하니 새삼 가슴이 벅차올랐다.

한국 미술의 역사는 5000년

1976년 2월부터 7월까지, 일본에서 〈한국 미술 5000년전〉이 열렸다. 최순우가 국립중앙박물관장이 되어 처음으로 갖는 국제적인 행사였다.

한국 정부는 미국과 유럽 여러 나라에서 문화재 순회 전시를 해 왔지만, 서양보다 가까운 일본에는 정식으로 우리 문화재를 소개할 기회가 없었다.

전시회의 명칭을 〈한국 미술 5000년전〉이라 이름 붙인 것은 최순우였다.

사실 국립중앙박물관에서는 〈한국 미술 5000년전〉에 앞서, 1973년 4월부터 두 달간 〈한국 미술 2000년전〉이라는 고대 유물 전시회를 연 적이 있었다. 그런데 〈한국 미술 2000년전〉이 열리기 전부터 1975년 6월까지 네 차례에 걸쳐 암사동 선사 유적지를 발굴한 결과, 기원전 3천

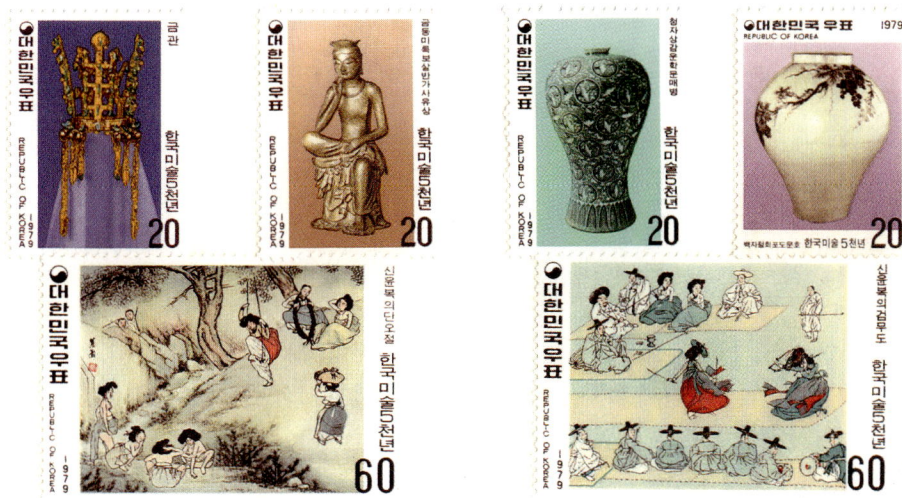

1979년, 〈한국 미술 5000년전〉을 기념해 우리나라에서 만든 기념우표이다.

년의 빗살무늬 토기가 여러 점 출토되었다. 여기에 근거하여 최순우는 한국 미술의 역사를 3천 년 더 끌어올려야 한다고 판단하고, 이번 전시회의 이름에 '5000년'을 넣은 것이었다.

일본에 비웃음을 살까 우려하는 목소리도 있었지만, 1966년 한일협정●에 따른 문화재 인수를 위해 일본을 방문했던 최순우의 뜻은 단호했다.

"5000년에 걸쳐 이룩한 우리의 문화를 일본인들에게 보여 주고, 그

● 이때, 일제 강점기에 이토 히로부미를 비롯한 일본 사람들이 강탈해 간 우리 문화재 1,326점이 한국으로 돌아왔다. 그러나 아직도 우리의 소중한 문화유산이 일본에 남아 있다.

들의 생각을 바꾸고 새로운 시각을 열어 줄 자신이 있습니다. 그래야 65만 재일동포들도 한국인으로서의 자부심을 갖게 될 것입니다."

〈한국 미술 5000년전〉은 교토를 시작으로 후쿠오카, 수도 도쿄까지 모두 세 군데 도시에서 열렸다. 이 가운데 후쿠오카는 특히 한일 문화사에 있어 의미가 큰 곳이었다. 규슈 지방 최대의 도시인 후쿠오카는 일본 도자기 문화의 중심지이기도 했는데, 그렇게 되기까지는 임진왜란 때 조선에서 끌려온 도공들의 역할이 컸다. 조선 도공들의 후손이 대를 이어 살면서 일본의 도자기 문화를 꽃피운 셈인데, 그중에서도 심수관● 일가는 일본 사람들에게도 존경받는 유명한 도공 가문이 되었다.

〈한국 미술 5000년전〉은 5개월 동안 약 60만 명의 관람객이 다녀가며 일본 사람들의 뜨거운 관심을 받았다. 특히 최순우의 바람대로 우리 교민들에게 한국인으로서의 긍지를 일깨우는 계기가 됐다.

〈한국 미술 5000년전〉의 일본 전시가 성황을 이루자, 미국 박물관 열세 곳에서 전시 요청이 들어왔다. 정부는 문화재 보호를 위해 그중 여덟 군데의 전시만 승낙했다. 또 단순한 전시에 그치지 않고, 샌프란시스코·시애틀·뉴욕·보스턴 네 곳에서 대규모의 한국 미술 국제 학술 토론 회의를 개최했다. 이 학술 토론 회의에는 유럽·미국·일본·중국

심수관(1926~) ● 일본의 한국계 도예가로, 임진왜란 때 끌려가 일본의 3대 도자기이자 세계 도자기의 명품으로 칭송받는 사쓰마도기를 만든 심당길의 14대손이다. 심수관가의 후예들은 일본에 정착한 지 400여 년이 지난 지금도 자신들의 뿌리를 간직하면서 일본 도예계를 주도하고 있다.

그리고 우리나라 학자들이 대거 참석해 한국 미술에 대한 논문을 발표하고 토론을 벌였다. 모두 대성황을 이루었고, 외국의 권위 있는 동양미술사학자들과 역사학자들을 통해 한국 미술의 가치와 우수성이 세계적으로 강조되었다.

미국 보스턴의 대표적 신문인 《보스턴 글로브》는 〈한국 미술 5000년전〉을 '조용한 영광의 한국 미술'이란 제목의 특집 기사로 크게 소개했는데, 한국 미술의 고요하고 기품 있는 특질을 잘 표현했다.

〈한국 미술 5000년전〉의 미국 전시는 1979년 5월 샌프란시스코를 시작으로 시애틀, 시카고, 클리블랜드, 보스턴, 뉴욕, 캔자스시티, 워싱턴을 거쳐 2년 5개월간 226만 명의 관람객이 다녀간 뒤 1981년 6월이 되어서야 막을 내렸다. 지난 1957년에서 1958년, 미국 여덟 개 도시에서 열린 〈한국 국보 전시회〉에 16만 3천여 명의 관람객이 든 것을 생각하면 무척 놀라운 일이었다.

걸어온 발자취 '옛집'에 남기고

추녀 끝에 매달린 방울이 바람을 타고 댕그랑댕그랑 울리는 소리에 혜곡 최순우는 잠시 글 쓰던 손을 멈추었다. 사방이 조용한 것을 보니 어느새 밤이 깊은 모양이었다. 저녁 식사가 끝난 후 곱다시 사랑방 책상 앞에 앉아 원고에 열중하다 보니 시간 가는 줄도 몰랐다. 뻐근해진 어깨를 풀려고 자리에서 일어나 허리를 두드리고 팔을 휘둘렀다.

"도대체 무슨 책을 그렇게 끝없이 쓰시는 거예요? 이제 연세도 있는데 건강도 생각하셔야지, 너무 무리하시는 거 아니에요?"

저녁 상머리에서 아내가 하던 말이 생각났다. 하기는 몇 년 사이에 한 해도 빠짐없이 책을 써냈다. 일본과 미국에서 〈한국 미술 5000년전〉을 열었던 1976년과 1981년 사이에도 《한국 미술 5000년》《한국미, 한국의 마음》《한국 회화》세 권의 책을 냈고, 이듬해에는《한국청자도요

지》를 그리고 올해인 1983년에 들어와서도 고려청자에 대한 책을 두 권째 쓰는 중이었다.

　책으로 묶어 낸 것 외에도 우리 문화재의 가치와 아름다움을 알리기 위해 수십 년간 끊임없이 논문과 해설을 써 왔으니 아내의 염려가 지나친 건 아니었다.

　하지만 최순우는 그 일을 멈출 수가 없었다. 누군가는 해야 할 세상에 꼭 필요한 일이었고, 자기 자신에게 주어진 사명이라 생각했다. 그런 최순우를 두고 유럽에 다녀온 어느 지식인은 이렇게 말했다.

"이번에 유럽을 돌아보고 나니 비로소 최 관장이 딱한 줄을 알았습니다. 프랑스나 이탈리아 미술품에 비하면 별것도 아닌 조잡한 우리 문화재를 돋보이게 하기 위해서 일생을 바쳐 고전하고, 〈한국 미술 5000년 전〉이니 무어니 해서 어떻게든 세계의 관심을 끌어 보고자 하는 최 관장의 고충을 이제야 잘 알게 되었습니다."

그 말을 전해 들은 최순우는 오랜 역사를 지닌 우리 문화유산의 가치와 아름다움을 동시대 지식인의 가슴에조차 심어 주지 못한 자신이 한없이 부끄러웠다.

'그 부끄러움을 씻기 위해서는 우리 문화유산의 아름다움과 가치를 일깨우는 글을 계속 쓸 수밖에 없어.'

1981년 2월 23일, 홍익대학교 미술 대학에서는 이러한 최순우의 공적을 기리는 뜻에서 명예 문학 박사 학위를 수여하기도 하였다.

최순우는 사랑방 문을 열고 밖으로 나섰다. 툇마루 끝에 내려서 돌아보니 어둠에 싸인 안채는 쥐 죽은 듯 고요했다. 그 안에 깊이 잠들어 있을 아내와 딸의 숨소리가 들리는 듯해, 최순우는 혼자 혜식은 미소를 지어 보였다.

불빛이 내비치는 사랑방 문창호지에 '용(用)' 자 창살 그림자가 비추고 있었다. '용' 자 창살은 고향 집의 문과 창에도 쓰였고, 스승 고유섭이 거처하던 파월당(달빛이 흐르는 집) 역시 문마다 '용' 자 창살이었다.

고유섭의 사저였던 파월당은 높직한 산마루 위에 지어져 어느 창가

에나 휘영청 밝은 달빛이 쏟아졌다. 고유섭이 세상을 떠난 후, 최순우는 개성 부립박물관에 근무하면서 스승의 체취가 밴 그 집에서 아내와 함께 10년을 살았다.

'용'자 창살에 대한 그리움은 최순우에게 고향과 스승, 살붙이에 대한 그리움과 다름없었다. 장서(간직한 책)가 점점 늘어 서재가 필요해진 최순우가 좁은 삼청동 집을 떠나 이사 갈 곳을 구할 때에도 첫머리에 꼽은 조건이 바로 '용'자 창살이 있는 집이었다.

번듯한 서재에 '용'자 창살이 있고, 집 앞뒤에 작은 마당이 딸려 있던 궁정동 집은 아내의 피땀 어린 노력 끝에 얻어진 것이었다. 아내 박금섬은 생활력 강하기로 소문난 개성 여인네답게 살림 솜씨가 야물었는데, 남편의 박봉을 쪼개어 돈을 모으느라 부업도 마다하지 않았다.

궁정동 집에 살 때 최순우는 앞뒤의 작은 마당에 나무를 심고 꽃을 가꾸어 고향 집의 느낌을 살려 보려고 애썼다. 고향 집에서처럼 산에서 자라나는 자작나무와 진달래, 산 동백, 도토리나무 따위를 가져다 뜰에 심었는데, 해마다 새잎이 돋아나고 꽃이 피고 낙엽이 지고 열매 맺는 모습이 보기 좋았다.

그렇게 정든 궁정동 집을 떠나 지금의 성북동 집으로 이사를 온 것은 정부에서 청와대 경호를 위해 궁정동 집을 수용해 버렸기 때문이었다. 이 집에 이사 온 것이 1976년 1월이었으니 여기서도 어느새 햇수로 8년을 살았다.

최순우는 그동안 성북동 집 안마당에 소나무를 심고, 오래된 향나무 아래 돌로 단을 쌓은 네모진 우물을 만들어 그 주변에 모란과 수국, 해당화 같은 화초들을 심어 가꾸었다.

또 장독대를 만들어서 올망졸망한 항아리들을 가지런히 놓아두었는데, 항아리마다 아내가 철따라 담그는 장과 초가 하나 가득 담겨 찰랑거렸다.

장독대 한옆으로는 향로석 위에 조선 시대 달항아리를 본뜬 커다란 도자기를 올려놓고, 하얀 도자기 표면에 댓잎 그림자가 비치는 운치를 감상하기 위해 그 주변으로 대나무를 심었다. 주변이 온통 흰 눈으로 덮인 겨울날이면 도자기의 하얀 살결이 아른거렸는데, 그 주변을 뾰족뾰족 드러난 푸른 댓잎이 둘러싸고 있는 모양은 혼자 보기 아까울 만큼 좋았다.

창과 문은 모두 '용' 자 창살을 썼고, 문마다 옛 선비들의 글과 글씨에서 따다가 판각한 현판을 달아 놓았다.

최순우의 집을 방문했던 이경성•은 이런 글을 남겼다.

성북동 집은 그야말로 조선 시대 선비의 집에 들어가는 것과 같은 착각을 주는 분위기였다. 정원에 나무와 돌이 있고 툇마루에 벼루가 있

석남 이경성(1919~2009) • 우리나라 최초의 미술평론가로, 인천 시립박물관 초대 관장을 지냈다. 최순우와는 40여 년간 친구이자 동료로 우정을 나누었다.

고 백자가 있고 하는 분위기는 이제까지 그러한 세계를 몰랐던 나에게는 놀라운 세계인 동시에 황홀한 이조미(조선 시대의 아름다움)의 현장이었다. 나는 걸상이나 침대 없이 보료 위에 앉아 책상에서 원고를 쓰는 최 형을 보고 소파나 침대를 들여놓는 것이 어떠냐고 물었더니, 그는 나에게 "편안한 것만이 행복이 아니다"라고 하는 것이었다. 이와 같은 최 형의 이조미 탐색과 탐미 그리고 생활은 자신은 물론이고 주변에 있는 많은 사람을 한국적으로 만들었다.

— 이경성 《어느 미술관장의 회상》 중에서

옛 생각에 잠긴 최순우는 천천히 댓돌을 내려서 뒤뜰을 거닐었다. 밤이 깊어 갈수록 점점 더 밝아진 달빛 아래로 모란과 해당화, 수련, 수국이 옹기종기 잠들어 있었다. 모두 다 최순우의 사랑을 듬뿍 받으며 철 따라 피어나 집을 향기로 가득 채우는 보물들이었다.

지금 국립중앙박물관은 또 한번의 이전을 준비 중이었다.

1982년 3월, 정부는 경복궁에 있는 국립중앙박물관을 중앙청으로 이전한다는 계획을 발표했다. 그 책임을 떠맡고 있는 최순우의 어깨는 무거울 수밖에 없었다. 그런 중에도 최순우는 8월부터 12월까지 일본에서 〈한국 고대 문화전-신라 천년의 미〉 순회 전시를 했다. 또 1984년 2월부터는 영국에서 〈한국 미술 5000년전〉을 개최하며 유럽 순회 전시의 첫발을 내딛을 예정이었다.

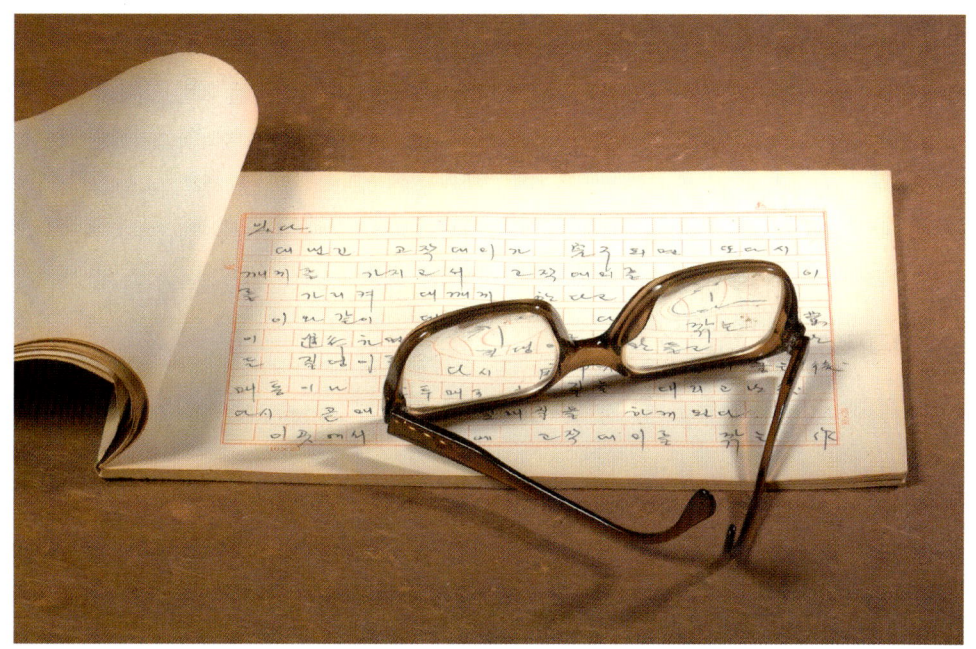
혜곡 최순우 선생이 생전에 쓰던 안경과 자필 원고이다.

　국립중앙박물관장으로서 직무는 끝이 없는데, 전에 없이 느껴지는 피로가 최순우의 마음을 더욱 무겁게 했다. 이럴 때 마음 맞는 친구와 술이라도 한잔 나눌 수 있다면 어깨를 짓누르는 짐을 잠시 잊을 수 있을 텐데……. 부산 피난 시절부터 친분을 쌓아, 서울 환도 후에도 매일같이 만나며 속마음을 털어놓던 김환기마저 벌써 10년 전에 세상을 떠났다. 그보다 먼저 스승 고유섭과 간송 전형필이 최순우의 곁을 떠났고, 고향의 아버님과 큰형님도 진작에 고인이 되셨을 터였다.

밝은 달빛 아래 최순우의 마음은 구름에 덮인듯 쓸쓸해졌다.

1984년 10월, 췌장암 진단을 받고도 중앙청 전시실 설계 문제로 고심을 거듭하던 혜곡 최순우는 끝내 병을 이기지 못하고 쓰러졌다. 그리고 병원에 입원한 지 두 달 만인 1984년 12월 15일 세상을 등지고 말았다.

혜곡 최순우는 생전에 모아 놓은 수백 점의 연구 자료와 도서 들을 국립중앙박물관 도서실에 기증한다는 유언을 남겼다.

혜곡 최순우는 생전에 총 11권의 책을 썼고, 1947년 《서울신문》에 기고한 〈개성 출토 청자 파편〉을 시작으로 우리 문화재에 대한 해설과 논평, 수필, 단상 등 600편이 넘는 글을 남겼다. 그 글들은 뒤에 책으로 묶여 지금도 많은 독자와 그 방면의 연구자들에게 끊임없는 사랑을 받고 있다.

1984년 12월 15일 정부는 혜곡 최순우에게 '은관문화훈장'을 추서했다.

덧붙이는 이야기

최순우 옛집

혜곡 최순우가 생전에 아끼고 가꾸었던 성북동 집은 2002년 (사)한국내셔널트러스트에서 사들여 보수·복원 공사를 거쳐서 2004년 설립된 (재)내셔널트러스트 문화유산기금에서 보전하고 있어요. 그해 '혜곡최순우기념관'으로 시민들에게 개방하고 사무실을 두어 관리를 맡고 있어요.

(재)내셔널트러스트 문화유산기금은 내셔널 트러스트● 운동의 일환으로 설립된 비영리 재단 법인으로 시민들의 자발적인 후원과 기부를 통해 운영되는 단체예요.

성북동 집 뒤뜰에 선 혜곡 최순우의 모습. 방 안에 주인을 닮은 점잖은 목가구가 보여요.

지금까지 시민들의 후원과 기증으로 보전하고 있는 시민 문화유산에는 '최순우 옛집(혜곡최순우기념관)' 외에 전남 나주시 다도면 풍산리에 있는 '도래마을 옛집'이 있어요. 또 서울 성북구 동선동의 '권진규 아틀리에'는 유족에게서 기증받았어요.

내셔널 트러스트 • 자연환경과 문화유산 보호 활동을 하는 비영리 단체 또는 제도를 말한다. 산업 혁명 이후 무분별한 개발과 자연환경의 파괴, 문화유산의 독점적 소유 등으로 각종 사회 문제가 발생했던 영국에서 처음 시작되었다. 시민들의 자발적인 기증과 기부를 통해 운영된다.

최순우 옛집의 안마당 모습. 정갈하게 가꾼 화단이 보여요.

혜곡 최순우 선생이 걸어온 길

- 1916년 4월 27일, 개성 자남산 해나무골(괴곡)에서 태어났어요.
- 1930년, 개성 송도고보(송도고등보통학교)에 입학해 문예반 활동을 시작했어요. 《동아일보》에 동시 〈밤〉과 시 〈버들강아지〉를 발표하기도 했어요.
- 송도고보 5학년 여름 방학 때, 우현 고유섭 선생을 만나 스승과 제자의 인연을 맺었어요. 같은 해 가을 박금섭 여사와 결혼했어요.
- 1935년, 개풍군청 고적계에서 서기로 근무를 시작했어요. 또 고유섭 선생과 함께 개성 일대 고려 유적지를 답사하고 미술사를 배우며 서서히 우리 문화유산에 눈을 떴어요. 같은 해 개성 호수돈여고에서 문학 강사로도 일했어요.
- 1945년 개성 부립박물관 서기로 이직하면서, 박물관인으로서의 첫걸음을 시작했어요.
- 1947년 9월 23일, 평생에 걸쳐 남긴 문화재 관련 글 600여 편 가운데 첫 글인 〈개성 출토 청자 파편〉을 《서울신문》에 발표했어요.
- 1949년, 서울 국립박물관으로 발령받고 박물감(지금의 학예연구사)으로 승진했어요.

▲ 서울 성북구 성북동에 위치한 간송미술관은 1938년 처음 세워졌을 때의 모습을 그대로 간직하고 있어요. 매년 봄·가을마다 전시회를 열고 있어요.
◀ 간송 전형필의 가족과 찍은 사진이에요. 뒤 왼쪽부터 혜곡 최순우, 전형필의 아들 전영우, 전형필, 김점순 여사예요. 아래 앉은 사람은 전형필의 친척 전제옥이에요.

- 〈국보 특별 전시회〉를 개최하면서 두 번째 스승인 간송 전형필 선생을 만났어요.
- 한국 전쟁 발발 직후, 북한군으로부터 보화각(지금의 간송미술관) 소장 유물을 지켜 냈어요. 또 국립박물관 중요 서류와 유물 들을 부산으로 피난시켰어요.
- 1952년, 경북 영주 부석사에 지붕 누수를 조사하기 위해 방문했어요. 이때의 감정을 담아 쓴 글이 《무량수전 배흘림기둥에 기대서서》에 실렸어요.
- 1954년 국립박물관 보급과장(1961년에는 미술과장으로 이름 변경)으로 승진하고, 9월부터 홍익대학교 미술 대학에서 강의를 시작했어요. 같은 해, 간송 전형필 선생이 '순우(淳雨)'라는 필명을 지어 줬어요.
- 1955년, 간송 전형필 선생이 '혜곡(兮谷)'이라는 아호도 지어 줬어요.
- 1957년 12월부터 약 8개월 간 미국 여덟 개 도시 순회 〈한국 국보 전시회〉 가운데 워싱턴 DC, 뉴욕, 보스턴, 시애틀의 유물 호송 및 전시 담당 학예관을 맡았어요.
- 1960년, 전형필, 김원룡, 진홍섭, 황수영 등과 함께 우리나라 최초의 고고미술 월간지 《고고미술》을 창간했어요.

1977년 11월, 월간 《샘터》에 실린 〈부석사에서 쓴 편지〉와 그 글이 담긴 《무량수전 배흘림기둥에 기대서서》(학고재)예요.

- 1961년 3월부터 약 1년 3개월 간 유럽 5개국 순회 〈한국 국보 전시회〉의 유물 호송 및 전시 담당 학예관을 맡았어요.
- 1964년 전남 강진군 대구면 사당리 117번지에서 청자기와 가마터를 발견했어요. 이 일로 강진이 '청자의 고향'으로 알려지게 됐어요.
- 1966년, 한일협정에 따라 국립박물관 대표로 일본에 가 일제 강점기에 강제로 반출됐던 문화재 가운데 일부를 환수해 왔어요.
- 1973년, 국립중앙박물관 학예연구실장으로 승진했어요. 〈한국 미술 2000년전〉 특별 전시를 기획했는데, 두 달 동안 25만 명의 관람객이 찾아왔어요.
- 1974년 제4대 국립중앙박물관 관장에 취임했어요.
- 1975년, 서울 암사동 신석기 시대 유적지에 대한 조사가 마무리되면서, 빗살무늬토

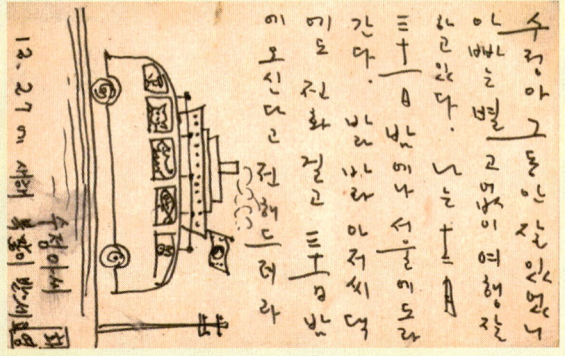

혜곡 최순우가 직접 그린 그림 '초원'과 직접 점토를 빚어 만든 개구리 가족이에요.

출장 중에 딸 최수정에게 보낸 엽서들이에요.

기가 기원전 3000년 토기임이 밝혀졌어요. 한국 미술의 역사를 2000년에서 5000년으로 수정했어요.
- 1976년, 성북동 126-20번지(지금의 최순우 옛집)로 이사했어요. 같은 해, 일본에서 〈한국 미술 5000년전〉 순회 전시를 진행했어요.
- 1979년부터 2년 간 미국에서 〈한국 미술 5000년전〉 순회 전시를 진행했어요.
- 1981년 홍익대학교에서 명예문학박사 학위를 받았어요.
- 1984년 영국에서 〈한국 미술 5000년전〉의 유럽 순회 전시를 시작했어요. 같은 해, 중앙청 전시실 설계 문제로 고심하던 중 쓰러져 병원에 입원했어요.
- 1984년 12월 15일, 가족이 지켜보는 가운데 성북동 자택에서 별세했어요. 같은 해, 은관문화훈장이 추서됐어요.

◀ 1976년, 일본에서 열린 〈한국 미술 5000년전〉을 관람하고 있어요.

▲ 1976년 봄, 혜곡 최순우와 아내 박금섬이 성북동 집에서 찍은 사진이에요.

◀ 국립중앙박물관 관장실에서 집무를 보는 모습이에요.

글쓴이의 말
내가 꼭 있어야 할 자리, 내가 꼭 해야 할 일

 이 책을 통해 내가 보고 느낀 혜곡 최순우 선생의 삶을 한마디로 표현한다면, '자신이 꼭 있어야 할 자리에서, 자신이 꼭 해야 할 일을 하고 간 큰사람'이라고 말할 수 있을 것입니다.
 최순우 선생은 어린 시절부터 글 쓰는 사람이 되기를 꿈꾸었습니다. 그러다가 고등학교 졸업반 때, 개성 부립박물관장이던 우현 고유섭 선생을 만나게 되면서 그 꿈은 약간 모양을 달리하게 됩니다.
 그 당시 우리 민족은 일제 치하의 암흑기를 맞아 희망 없는 하루하루를 살아가고 있었습니다. 고유섭 선생은 우리나라 사람들에게 민족 고유의 문화를 알리고 긍지를 심어 주는 일의 중요성을 전하며, 그 임무를 다하기 위해서는 글쓰기가 큰 도움이 된다는 깨달음을 주었습니다.
 최순우 선생은 스승의 뜻에 따라 열아홉 살이 되던 해 박물관 직원으로서 첫발을 내디뎠고, 그 뒤 평생을 박물관 사람으로 살았습니다. 한국 전쟁이 났을 때에는 목숨을 걸고 박물관 소장 유물을 피난지로 대피시켰고, 여러 차례에 걸친 해외 순회 전시 때에는 호송 책임을 맡아 우리 문화재의 존재를 세계 널리 알리는 일에 큰 몫을 했습니다. 또 시민을 위한 고미술 강연과 미술 대학 강의를 통해 우리 문화유산에 대한 사람들의 인식을 넓혀 주었지요. 무엇보다 건축, 공예, 도자기, 회화 등 여러 분야에 걸쳐 글로써 우리 고미술이 지닌 의미와 소중함을 알리고, 국민들로 하여금 우리 주변에 있는 모든 한국적인 것들의 아름다움을 깨닫게 했습니다.

어린이 여러분, 성북동에 있는 '최순우 옛집'에 가 본 적이 있나요?

그곳에 가면 소박하고 넉넉지 않은 살림살이지만 최순우 선생이 바쁜 틈틈이 자신이 몸담고 사는 곳을 정갈하고 아름답게 가꾸었던 흔적을 엿볼 수가 있습니다. 그가 원고를 쓰던 책상, 그의 손때가 묻은 전구, 청렴한 선비를 닮은 '용(用)' 자 창살, 우물가, 화단 등 최순우 선생이 평생에 걸쳐 추구한 정신과 숨결을 오롯이 느낄 수 있지요.

이 책을 읽는 어린이들이 최순우 선생의 생애를 통해 내가 꼭 해야 할 일, 내가 꼭 있어야 할 자리에 대해 생각해 본다면 더없이 기쁘겠습니다. 또 그가 바라던 대로 우리 문화유산에 대해 관심을 갖고 애정 어린 시선을 보내 준다면 좋겠습니다.

이혜숙

글쓴이 이혜숙

이화여자대학교 국어국문학과를 졸업했습니다. 1982년 '여성동아 장편소설 공모'에 《노을에 타는 나무》가 당선되면서 작품 활동을 시작했습니다.

그동안 지은 책으로는, 어린이책 《계축일기》 《도깨비 손님》 《토끼전》 《금방울전》과 장편소설 《먼 길 위의 약속》, 소설집 《바람 속의 얼굴들》 《마음이 하는 일》 들이 있습니다.

그린이 이용규

대학에서 서양화를 공부했습니다. 2005년에 국제아동도서협의회(IBBY) 한국위원장 특별상을 수상했고, 한국 출판미술 대전부터 개인전까지 다양하게 작품 활동을 펼치고 있습니다.

지금까지 그린 책으로는, 《이문열의 초한지》 《벽화 속에 살아 있는 고구려 이야기》 《홍길동전》 《대한민국 임시 정부와 김구》 《굳게 다짐합니다》 《징》 《일곱 땅을 다스리는 칼 칠지도》 들이 있습니다.

참고 도서

《최순우 전집》(최순우, 1992, 학고재)
《무량수전 배흘림기둥에 기대서서》(최순우, 1994, 학고재)
《나는 내 것이 아름답다》(최순우, 2002, 학고재)
《경복궁 야화》(김재원, 2000, 탐구당)
《박물관과 한평생 : 초대 박물관장 자서전》(김재원, 2000, 탐구당)
《아무도 가지 않은 길 : 한국 미학의 선구자 우현 고유섭》(2006, 인천문화재단)
《최순우의 한국미 愛》(김명숙, 2010, 동남풍)
《혜곡 최순우, 한국미의 순례자》(이충렬, 2012, 김영사)

 이 책을 만드는 데에 많은 도움을 주신 혜곡최순우기념관 송지영 학예사, 심지혜 연구원께 감사드립니다.

최순우 옛집의 가을